Wolfgang Stegmüller

Probleme und Resultate der Wissenschaftstheorie
und Analytischen Philosophie, Band IV
Personelle und Statistische Wahrscheinlichkeit

Studienausgabe, Teil B

Entscheidungslogik
(rationale Entscheidungstheorie)

Springer-Verlag Berlin · Heidelberg · New York 1973

Professor Dr. WOLFGANG STEGMÜLLER
Philosophisches Seminar II
der Universität München

Dieser Band enthält Teil I der unter dem Titel „Probleme und Resultate der Wissenschaftstheorie und Analytischen Philosophie, Band IV, Personelle und Statistische Wahrscheinlichkeit, Erster Halbband: Personelle Wahrscheinlichkeit und Rationale Entscheidung" erschienenen gebundenen Gesamtausgabe

ISBN 3-540-05990-3 broschierte Studienausgabe Teil B
Springer-Verlag Berlin Heidelberg New York

ISBN 0-387-05990-3 soft cover (Student edition) Part B
Springer-Verlag New York Heidelberg Berlin

ISBN 3-540-05986-5 gebundene Gesamtausgabe
Springer-Verlag Berlin Heidelberg New York

ISBN 0-387-05986-5 hard cover
Springer-Verlag New York Heidelberg Berlin

Das Werk ist urheberrechtlich geschützt. Die dadurch begründeten Rechte, insbesondere die der Übersetzung, des Nachdruckes, der Entnahme von Abbildungen, der Funksendung, der Wiedergabe auf photomechanischem oder ähnlichem Wege und der Speicherung in Datenverarbeitungsanlagen bleiben, auch bei nur auszugsweiser Verwertung, vorbehalten. Bei Vervielfältigungen für gewerbliche Zwecke ist gemäß § 54 UrhG eine Vergütung an den Verlag zu zahlen, deren Höhe mit dem Verlag zu vereinbaren ist. © by Springer-Verlag Berlin Heidelberg 1973. Library of Congress Catalog Card Number 73-77476. Printed in Germany. Herstellung: Brühlsche Universitätsdruckerei Gießen

Inhaltsverzeichnis

Von den gebundenen Ausgaben des Bandes „Probleme und Resultate der Wissenschaftstheorie und Analytischen Philosophie, Band IV, Personelle und Statistische Wahrscheinlichkeit" erscheinen folgende weiteren Teilbände:

Studienausgabe Teil A: Aufgaben und Ziele der Wissenschaftstheorie. Induktion. Das ABC der modernen Wahrscheinlichkeitstheorie und Statistik.

Studienausgabe Teil C: Carnap II: Normative Theorie des induktiven Räsonierens.

Studienausgabe Teil D: ‚Jenseits von Popper und Carnap': Die logischen Grundlagen des statistischen Schließens.

Studienausgabe Teil E: Statistische Begründung. Statistische Analyse. Das Repräsentationstheorem von de Finetti. Metrisierung qualitativer Wahrscheinlichkeitsfelder.

Teil I
Rationale Entscheidungstheorie
(Entscheidungslogik)

1. Die Aufgaben der rationalen Entscheidungstheorie

Untersuchungen über die Gesetze des rationalen menschlichen Verhaltens wurden zunächst innerhalb nationalökonomischer Analysen angestellt, insbesondere in der österreichischen Grenznutzenschule und in verwandten Richtungen. Die mathematische Präzisierung führte nach langem Bemühen zu einer neuartigen Theorie, der im Jahre 1943 in einem umfassenden Werk v. NEUMANNs und MORGENSTERNs veröffentlichten Spieltheorie. Aus dieser Spieltheorie kristallisierte sich die *rationale Entscheidungstheorie,* auch *Entscheidungslogik* genannt, als ein wichtiger Bestandteil heraus. Im Verlauf der Diskussionen wurde es immer deutlicher, daß zahlreiche Fragen, die zum Problemkomplex „Wahrscheinlichkeit und Induktion" gerechnet wurden, ganz oder teilweise in diesen Rahmen hineingehören. So ist es kein Wunder, daß sich außer Nationalökonomen, Wahrscheinlichkeitstheoretikern und Statistikern in zunehmendem Maße auch Logiker und Wissenschaftstheoretiker für dieses Gebiet zu interessieren begannen.

Die wissenschaftstheoretische Bedeutung des Gebietes als solchen ist auch der unmittelbare Grund für die folgende Darstellung. Zu ihm tritt ein weiterer Grund hinzu: Dieser erste Teil dient zugleich als eine Vorbereitung für die Rekonstruktion der zweiten Fassung von CARNAPs Theorie, die von ihm den etwas irreführenden Namen „Induktive Logik" bekommen hatte.

Wir können zwei historische Trends unterscheiden, welche in die modernen Untersuchungen zur Entscheidungslogik Eingang gefunden haben und darin gewissermaßen verschmolzen sind. Diese beiden Trends entsprechen den zwei wichtigsten Begriffen der Entscheidungstheorie: dem Begriff der subjektiven *Nützlichkeit,* repräsentiert durch eine Nutzenfunktion, und dem Begriff der subjektiven bzw. der personellen *Wahrscheinlichkeit,* repräsentiert durch eine Wahrscheinlichkeitsfunktion. Die Untersuchungen zum Begriff des subjektiven Nutzens und des subjektiven Wertes sind nationalökonomischen Ursprungs, wobei die schon erwähnte Grenznutzenschule den entscheidenden Anstoß gegeben hat. Das wichtigste Problem bildete hier die Frage der Messung oder besser: der *Metrisierung* subjektiver Nützlichkeitserwägungen in der Gestalt von Nutzenfunktionen. Für die theoretische Nationalökonomie bildete diese Aufgabe lange Zeit hindurch ein wichtiges Desiderat, weil ihre Lösung eine Voraussetzung für die Errichtung einer adäquaten Preistheorie zu sein schien.

Der probabilistische Aspekt trat, äußerlich gesehen, erst später, im Rahmen der Spieltheorie, hinzu. Allerdings stellte es sich bald heraus, daß man dabei an frühere wahrscheinlichkeitstheoretische Untersuchungen anknüpfen konnte. In diesem Zusammenhang sind vor allem zwei Namen zu nennen: F. P. Ramsey und B. de Finetti. Diese beiden Denker hatten unabhängig voneinander den interessanten und originellen Einfall gehabt, den subjektiven bzw. personellen Wahrscheinlichkeitsbegriff auf dem Wege über ein *Studium rationalen Wettverhaltens* zu präzisieren. Erstmals war dieser Gedanke von Ramsey skizziert worden. In Unkenntnis der erst posthum veröffentlichten Ideen Ramseys hatte de Finetti ähnliche Gedanken entwickelt und auch bereits das Rechtfertigungsverfahren der wahrscheinlichkeitstheoretischen Grundaxiome geschildert. Carnap und seine Mitarbeiter haben diese Gedanken später aufgegriffen und in die Sprechweise des Carnapschen Systems übersetzt. *Bei der von uns mit Carnap II betitelten* (und im zweiten Teil geschilderten) *Theorie handelt es sich um den Versuch einer Präzisierung und Fortsetzung dieses probabilistischen Aspektes der Entscheidungslogik.*

Die Entscheidungstheorie befaßt sich mit drei Arten von Entscheidungen (und zerfällt dementsprechend in drei Gebiete), nämlich mit Entscheidungen unter Sicherheit, Entscheidungen unter Risiko und Entscheidungen unter Unsicherheit[1]. Bei den *Entscheidungen unter Sicherheit* glaubt der Handelnde, die Situation so genau zu kennen, daß er die Konsequenzen seiner potentiellen Handlungen mit Sicherheit voraussagen kann. Bei den *Entscheidungen unter Unsicherheit* kennt er die Situation so schlecht, daß er die verschiedenen möglichen Konsequenzen seiner Handlungen nicht einmal probabilistisch zu beurteilen vermag. Diese beiden Arten von Fällen sollen in den folgenden Überlegungen außer Betracht bleiben[2]. Wir werden uns auf den wichtigsten Fall: die *Entscheidungen unter Risiko*, konzentrieren. Es handelt sich dabei um solche Entscheidungssituationen, in denen der Handelnde die für ihn relevanten Konsequenzen seines Tuns zwar nicht völlig unter Kontrolle hat, sie also nicht genau vorauszusehen vermag, jedoch in der Lage ist, den möglichen Umständen sowie den Folgen seiner Handlungen *Wahrscheinlichkeiten* beizumessen.

Der folgende Abschnitt soll dazu dienen, diese vorläufige und noch recht undeutliche Charakterisierung der Entscheidungen unter Risiko zu präzisieren.

2. Handlungen und Folgen.
Die drei Matrizen: Konsequenzen-, Nützlichkeits- und Wahrscheinlichkeitsmatrix

Angenommen, eine Person möchte vom Ort y zum Ort z gelangen. Es stehen ihr zwei Möglichkeiten offen: Sie kann entweder mit der Bahn fahren

---

[1] Für einen intuitiven Überblick über diese drei Gebiete vgl. Bd. I, S. 385—395.

[2] Verschiedene mögliche Rationalitätskriterien für Entscheidungen unter Unsicherheit wurden in Bd. I, S. 391 ff. erörtert.

oder ein Flugzeug nehmen. Dies sind die beiden möglichen Handlungen, zwischen denen sie wählen muß. Falls sie sich für die Bahn entschließt, beträgt die Fahrzeit 7 Std. Falls sie jedoch ein Flugzeug nimmt, bestehen zwei Möglichkeiten: Wenn es am Zielort nicht neblig ist, so beträgt die Flugzeit 2 Std. Sollte jedoch der Zielort eingenebelt sein, dann muß das Flugzeug umdirigiert werden, so daß die Fahrzeit insgesamt 16 Std beträgt. Einen Überblick über sämtliche Möglichkeiten liefert die folgende Tabelle. Jeder der *möglichen Handlungen*, zwischen denen die Person zu wählen hat, entspricht in dieser Tabelle eine Zeile. Jedem der beiden *relevanten Umstände* (Zielort nebelfrei bzw. Zielort neblig) entspricht eine Spalte. Am Kreuzungspunkt einer Zeile und einer Spalte ist die Konsequenz oder Folge eingetragen, die sich für die Person ergibt, wenn sie die dieser Zeile entsprechende Handlung wählt und der der Spalte entsprechende Umstand realisiert ist. In vorliegendem Beispiel bestehen diese Konsequenzen in Fahrzeiten, gemessen in Stunden vom Zeitpunkt der Abfahrt bzw. des Abfluges im Ort y.

	Zielort nebelfrei	Zielort eingenebelt
Eisenbahn	7 Std	7 Std
Flugzeug	2 Std	16 Std

Konsequenzenmatrix (handschriftlich am Rand)

Die Wörter „Eisenbahn" und „Flugzeug" stehen hier für die beiden möglichen Handlungen, zwischen denen zu wählen ist: die Eisenbahn wird benützt bzw. ein Flugzeug wird benützt. Wenn man die Zeilen- und Spaltenüberschriften wegläßt und nur die in Zahlen ausgedrückten Folgen einträgt, erhält man die Matrix der Folgen oder die *Konsequenzenmatrix*, die in unserem Fall so aussieht:

$$\begin{pmatrix} 7 & 7 \\ 2 & 16 \end{pmatrix}$$

Um diese Matrix richtig lesen zu können, muß man natürlich die nicht ausdrücklich erwähnten Zeilen- und Spaltenüberschriften kennen und hinzudenken. Außerdem muß einem, wenn die Folgen in der Zahlensprache beschrieben sind, die betreffende Metrik bekannt sein (im vorliegenden Fall die Zeitmetrik). Daß die erste Zeile zweimal eine 7 enthält, ist natürlich reiner Zufall. Darin kommt nur die Tatsache zur Geltung, daß die Fahrzeit der Eisenbahn nicht davon abhängt, ob es in z neblig ist oder nicht. In anderen Beispielen kann es demgegenüber der Fall sein, daß sich für sämtliche möglichen Resultate verschiedene Werte ergeben.

Aus diesem einfachen Beispiel können wir bereits das allgemeine Schema abstrahieren. Eine Person möge in einer bestimmten Situation zwischen m Handlungen oder Aktionen $A_1, \ldots, A_m$ wählen können. Für die sie in-

teressierenden möglichen Konsequenzen seien n mögliche Weltzustände
oder Naturzustände maßgebend, die wir kurz *Umstände* $U_1, \ldots, U_n$ nennen.
Es sei dabei ebenso Bestandteil der Überzeugung unserer Person, daß diese
n Umstände eine erschöpfende Disjunktion aller möglicher Umstände bilden, wie daß die m Handlungen eine erschöpfende Disjunktion aller möglichen Handlungen darstellen.

Einer Handlung A_i und einem Umstand U_k entspricht ein *Resultat*
R_{ik}, wie wir von nun an statt Konsequenz sagen wollen. Wenn man in
Analogie zum obigen Verfahren eine Tabelle aufstellen wollte, so hätte
diese das folgende Aussehen:

	U_1	U_2	$\cdots$	U_n
A_1	R_{11}	R_{12}		R_{1n}
A_2	R_{21}	R_{22}		R_{2n}
.	.	.		.
.	.	.		.
.	.	.		.
A_m	R_{m1}	R_{m2}	$\cdots$	R_{mn}

Aus dieser Tabelle gewinnt man die Konsequenzenmatrix, die wir in
der üblichen Abkürzung die Matrix (R_{ik}) nennen. Damit diese Abkürzung
informativ wird, muß man natürlich wissen, daß der erste untere Index
(Zeilenindex) am „R" über die in bestimmter Reihenfolge numerierten
möglichen Handlungen läuft und der zweite untere Index (Spaltenindex)
über die in bestimmter Reihenfolge numerierten möglichen Umstände.

Anmerkung 1. Die Konsequenzenmatrix (R_{ik}) kann leicht zu der Fehldeutung
verleiten, als werde darin über die *objektive* Situation gesprochen. Dies ist nicht der
Fall. Diese Matrix hat nur die Aufgabe, die Situation *in der Interpretation des Handelnden* zu schildern. Die m Handlungen $A_1, \ldots, A_m$ sind nicht Handlungen, die
überhaupt (an sich) möglich wären, sondern nur die Handlungen, die von der
Person in Erwägung gezogen werden. Ebenso sind $U_1, \ldots, U_n$ nicht die objektiv möglichen Naturzustände, sondern die vom handelnden Subjekt gesehenen
Möglichkeiten. Es kann sowohl der Fall sein, daß das Subjekt objektiv mögliche
Umstände übersieht als auch, daß es nicht an gewisse mögliche Handlungen denkt,
die ihm offenstünden.

Anmerkung 2. Die Aufstellung der Konsequenzenmatrix setzt voraus, daß
jedes Resultat R_{ik} eindeutig bestimmt ist, wenn die Handlung A_i und der Umstand U_k festliegen. Man könnte also sagen, daß diese Matrix *ein diskretes deter-
ministisches Naturgesetz* repräsentiert. Mathematisch gesprochen handelt es sich um
eine Funktion φ mit zwei Argumenten: $R_{ik} = \varphi(A_i, U_k)$.

Der Bezeichnung „Naturgesetz" muß allerdings sofort die in der vorigen Anmerkung enthaltene Qualifikation beigefügt werden: Entscheidend ist nicht, ob
dieses Naturgesetz tatsächlich gilt, sondern ob es *nach der Auffassung des Handelnden*

gilt. Daß es nicht auf den objektiven Sachverhalt, sondern nur auf die subjektiven
Überzeugungen des Handelnden ankommt, wird in den folgenden Überlegungen
noch deutlicher zutage treten. Hier kann allerdings eine Komplikation auftreten,
auf welche wir schon jetzt hinweisen: Die noch zu erörternde subjektive Wahrscheinlichkeitsbewertung der möglichen Umstände braucht sich nicht automatisch
auf die Resultate zu übertragen; vielmehr können den letzteren *handlungsabhängige*
subjektive Wahrscheinlichkeiten zukommen.

Anmerkung 3. Der Leser möge sich nicht dadurch verwirren lassen, daß verschiedene Autoren verschiedene Arten von Formalisierungen wählen, die *nur
scheinbar* auf andersartigen intuitiven Vorstellungen basieren, im Effekt jedoch auf
genau dasselbe hinauslaufen und sich nur in unwesentlichen technischen Details
unterscheiden. Zur Illustration werde die obige Einführung der Konsequenzenmatrix kurz mit der Definition der Handlung bei L. J. SAVAGE verglichen. Nach
dem, was soeben in der Anmerkung 2 gesagt wurde, kann man sich die Konsequenzenmatrix so zustandegekommen denken, daß eine *zweistellige* Funktion,
definiert für Handlungen als ersten Argumentwerten und Umständen als zweiten
Argumentwerten, zur Anwendung gelangt, deren Funktionswerte die Resultate
R_{ik} sind. SAVAGE definiert demgegenüber die *Handlungen* als *Abbildungen der Menge
der Umstände in die Menge der Konsequenzen*[3]. Er arbeitet also mit *einstelligen* Funktionen. Dies ist lediglich eine andere Formulierung genau desselben Sachverhaltes.
Wenn wir nämlich in unserer Formalisierung den ersten Index von R_{ik} für ein bestimmtes i festhalten und den zweiten Index k von 1 bis n laufen lassen, so erhalten
wir genau eine einstellige Funktion, welche die Handlung A_i repräsentiert und
welche tatsächlich eine Abbildung der Klasse der Umstände in die Klasse der
Resultate darstellt. Während wir also die Konsequenzenmatrix als durch *eine
einzige zweistellige Funktion* zustandegekommen denken, zieht SAVAGE es vor, jede
der in Betracht gezogenen Handlungen durch eine eigene Funktion zu repräsentieren, so daß unsere Matrix (R_{ik}) als durch m verschiedene einstellige Funktionen mit
$i = 1, \ldots, m$ erzeugt aufzufassen ist. Es ist eine reine Zweckmäßigkeitsfrage, ob
man der ersten oder der zweiten Darstellung den Vorzug geben soll. In gewissen
Kontexten empfiehlt sich eher die erste, in anderen die zweite.

Auch der subjektive Charakter dessen, war wir Konsequenz bzw. Resultat
nennen, wird von SAVAGE hervorgekehrt. Trotzdem erscheint es mir als recht
irreführend, wenn er "consequence" mit "state of the person" identifiziert.
Bei dieser Terminologie denkt man unwillkürlich nicht an *subjektiv bewertete
Folgen von Handlungen*, sondern an psychophysische Verfassungen oder rein *see-
lische Zustände* (Schmerzerlebnis, gehobene Stimmung, Zustand der Depression
etc.).

Daß es sich immer um eine Person *in einer bestimmten Situation* handelt, wird
von SAVAGE mit Recht betont. Für unsere Betrachtungen bildet dies eine selbst-
verständliche Voraussetzung. Da wir stets ein und dieselbe Person *in einer bestimmten Entscheidungssituation* betrachten, brauchen wir keine ausdrückliche Relativie-
rung vorzunehmen. Bei der Schilderung der Theorie Carnap II wird sich dies
ändern. Hier werden wir einerseits von Nützlichkeits- und Wahrscheinlichkeitsbewertungen *verschiedener Personen* sprechen müssen, andererseits auch derartige
Bewertungen durch eine und dieselbe Person *für verschiedene Zeitpunkte* zu unterscheiden haben. In diesem späteren Formalismus wird daher die Bezugnahme auf
eine Person X und einen Zeitpunkt T explizit gemacht werden. Im gegenwärtigen
Kontext wäre dies überflüssig.

---

[3] L. J. SAVAGE [Foundations], S. 14. Was wir Umstände nennen, entspricht
genau dem, was SAVAGE a.a.O. als Weltzustände ("states of the world") bezeichnet.

Als nächstes betrachten wir die *Nützlichkeitsmatrix*, gelegentlich auch Wünschbarkeitsmatrix genannt. Um sie konstruieren zu können, müssen wir voraussetzen, daß alle möglichen Resultate R_{ik} *subjektiv bewertet* werden. Unsere Person, die vor der zu wählenden Handlung Erwägungen anstellt, deren Beginn wir schilderten, heiße von nun an einfach *das Subjekt* (bisweilen mit „X" bezeichnet). Wir machen also die Annahme, daß X jedem der $m \times n$ möglichen Resultate $R_{11}, \ldots, R_{mn}$ einen *subjektiven Wert* oder *Nutzen* zuordnet. Wir gehen sogar noch weiter und nehmen an, der subjektive Wert oder Nutzen könne durch reelle Zahlen charakterisiert werden. (Die Frage, wie man zu einer solchen numerischen Skala kommen kann und inwieweit diese Skala eindeutig ist, klammern wir vorläufig aus.) Setzt man für jedes mögliche Resultat dessen subjektiven Nutzen ein, so gewinnt man die Nützlichkeitsmatrix.

Zwecks Veranschaulichung greifen wir wieder auf das obige Beispiel zurück. Unser Subjekt sei ein stark beanspruchter Geschäftsmann, für den Zeit Geld bedeutet. Negativ ausgedrückt, heißt dies: Verlorene Zeit ist für ihn verlorenes Geld. Da er beim Reisen die angegebenen Reisezeiten als Verlustzeiten verbuchen muß, liegt es daher nahe, die mit negativem Vorzeichen genommenen Zeiten als subjektive ‚Nützlichkeiten' einzutragen. Die Nützlichkeitsmatrix lautet somit:

$$\begin{pmatrix} -7 & -7 \\ -2 & -16 \end{pmatrix}$$

Hier zeigt sich zugleich, daß wir unter Nutzen nicht nur das verstehen, was man als *positiven* Nutzen bezeichnen würde. Die subjektive Nützlichkeit kann auch ein *Nachteil* oder ein *subjektiver Verlust* sein. In einem derartigen Fall wird man die subjektiven Nützlichkeiten durch negative Zahlenwerte charakterisieren.

Für das allgemeine Schema ergibt sich folgendes: Wir müssen annehmen, daß eine von unserem Subjekt X abhängige Funktion *nu*, genannt *Nutzenfunktion*, existiert. Die Argumente dieser Funktion sind die möglichen Resultate R_{ik}, die Funktionswerte sind die reellen Zahlen, welche die subjektiven Werte dieser Resultate repräsentieren. Wendet man die Funktion *nu* auf sämtliche Resultate, die in der Konsequenzenmatrix vorkommen, an, so erhalten wir die *Nützlichkeitsmatrix*, die wir in der einfachen Gestalt $(nu(R_{ik}))$ abkürzen können. (Die innere Klammer gehört zum Funktor „*nu*", die äußere Klammer ist ebenso wie früher Bestandteil der symbolischen Abkürzung der Matrix.) Den Wert der Funktion *nu* für R_{ik} nennen wir *die (subjektive) Nützlichkeit* oder *den Nutzen* von R_{ik} für das Subjekt. Die Nützlichkeiten, also die $m \times n$ Werte $nu(R_{11}), \ldots, nu(R_{mn})$, kann man nach Größe ordnen. Die auf diese Weise entstehende Ordnung nennen wir die numerische *Nutzenordnung* (der Resultate bzw. der Konsequenzen). Natürlich können mehrere mögliche Resultate in dieser Ordnung dieselbe

Stelle einnehmen. Das gilt insbesondere auch für das am höchsten sowie für das am niedrigsten bewertete Resultat.

Wollte man die Konsequenzenmatrix zusammen mit der Nützlichkeitsmatrix durch ein einziges Diagramm wiedergeben, so müßte man eine *dreidimensionale* Darstellung wählen. Dazu benütze man etwa ein rechtwinkliges Cartesisches Koordinatensystem und konstruiere in einem Quadranten der x-y-Ebene ein Netz von kleinen Quadraten, in deren jedes ein Resultat R_{ik} eingetragen wird (auf der x-Achse trage man die möglichen Handlungen ein, auf der y-Achse die möglichen Umstände; dieser Quadrant der x-y-Ebene enthält also die Konsequenzenmatrix). Die Nutzenwerte $nu(R_{ik})$ werden dann durch die z-Werte repräsentiert, die den einzelnen Quadraten (d.h. natürlich genauer: die den in diesen Quadraten vermerkten Resultaten) zugeordnet sind.

Der dritte grundlegende Begriff, dem wir uns zuwenden, ist der Begriff der Wahrscheinlichkeitsmatrix. Da wir uns mit Entscheidungen unter Risiko beschäftigen, können wir voraussetzen, daß unser Subjekt die Wahrscheinlichkeit des Eintretens jedes einzelnen der n Umstände zu beurteilen vermag. Wir schreiben für $i = 1, \ldots, n\, p(U_i)$ für die Wahrscheinlichkeit des Eintretens von U_i. („p" steht für "probabilitas".) Auch hier kommt es nicht auf die *objektiven Wahrscheinlichkeiten* dafür an, daß die Umstände verwirklicht werden, mag man nun an die Existenz solcher objektiven Wahrscheinlichkeiten glauben oder nicht. Denn falls es solche gibt, werden sie dem Subjekt entweder unbekannt sein oder dieses wird darüber nur hypothetische Vermutungen anstellen können. Das Subjekt muß jedoch mit den Wahrscheinlichkeiten *rechnen* können, um zu einer Entscheidung darüber zu gelangen, welche der möglichen Handlungen zu wählen ist. Ebenso wie das Subjekt die möglichen Umstände, die möglichen Handlungen, die in der Konsequenzenmatrix enthaltenen Resultate sowie deren Nützlichkeiten kennen muß, so gehören auch die Wahrscheinlichkeiten der möglichen Umstände zu den Daten, die ihm bekannt sein müssen und auf deren Grundlage rationale Erwägungen über die richtige Entscheidung anzustellen sind. Es kann sich also nur um *subjektive* Wahrscheinlichkeiten handeln, von denen im folgenden die Rede sein wird. Gewisse Bedingungen, denen die subjektiven Wahrscheinlichkeitswerte zu genügen haben, werden noch zur Sprache kommen.

Als dritte Matrix führen wir die Wahrscheinlichkeitsmatrix ein. Hier ist allerdings zum Unterschied von der Konsequenzen- und der Nützlichkeitsmatrix eine Differenzierung zu machen. Den einfachsten Fall bildet das, was wir die *handlungsunabhängige Wahrscheinlichkeitsmatrix* nennen wollen. Hier ist die Wahrscheinlichkeit der Realisierung eines beliebigen Umstandes U_k unabhängig davon, welche Handlung vollzogen wird. Es genügt also, die n Werte $p(U_1) = p_1, p(U_2) = p_2, \ldots, p(U_n) = p_n$ zu kennen. Wenn diese Werte $p_1, \ldots, p_n$ bekannt sind, so sagen wir, *daß die Wahrscheinlichkeitsver-*

teilung für die Umstände gegeben sei. Die Wahrscheinlichkeitsmatrix wird jetzt einfach in der Weise gebildet, daß man die Zeile mit diesen n Werten m-Mal untereinanderschreibt (also für jede der möglichen Handlungen eine solche Zeile). Die Wahrscheinlichkeitsmatrix hat also folgendes Aussehen:

$$m \text{ Zeilen} \left\{ \begin{pmatrix} p_1, p_2, \ldots, p_n \\ \cdot \\ \cdot \\ \cdot \\ p_1, p_2, \ldots, p_n \end{pmatrix} \right.$$

Mit einer derartigen handlungsunabhängigen Wahrscheinlichkeitsmatrix haben wir es in unserem Modellbeispiel zu tun, *falls der Reisende nicht abergläubisch ist,* d.h. falls er der Überzeugung ist, daß die Wettersituation am Zielort davon unabhängig ist, ob er mit der Bahn fährt oder fliegt. (Wenn er dagegen z.B. nicht nur im Scherz, sondern im Ernst sagte: „wenn ich ein Flugzeug nehme, wird es sicher am Zielort z eingenebelt sein; wenn ich aber mit der Bahn fahre, so wird dort strahlendes Wetter herrschen", so läge der zweite Fall einer handlungsabhängigen Wahrscheinlichkeitsmatrix vor.) Wenn p die Wahrscheinlichkeit ist, daß der Zielort nebelfrei ist, so ist die Wahrscheinlichkeit, daß er eingenebelt sein werde, $1-p$; denn die Summe der Wahrscheinlichkeiten dieser beiden einander ausschließenden Alternativen muß den Wert 1 haben. Die Wahrscheinlichkeitsmatrix hat für unser Modellbeispiel also die schematische Gestalt:

$$\begin{pmatrix} p & 1-p \\ p & 1-p \end{pmatrix}$$

Wenn für das Subjekt die Wahrscheinlichkeit, daß der Zielort eingenebelt sein wird, 5/14 beträgt, so nimmt die Matrix die konkrete Gestalt an:

$$\begin{pmatrix} 9/14 & 5/14 \\ 9/14 & 5/14 \end{pmatrix}$$

Der zweite und kompliziertere Fall ist der der *handlungsabhängigen Wahrscheinlichkeitsmatrix.* Während es im ersten Fall genügt, die Wahrscheinlichkeitsverteilung für die n Umstände zu kennen und diese Verteilung für jede der möglichen m Handlungen wörtlich zu reproduzieren, haben wir es jetzt mit dem Fall zu tun, wo die Wahrscheinlichkeit dafür, daß ein Umstand verwirklicht ist, auch davon mitbestimmt wird, welche Handlung vollzogen wird. Unser Modellbeispiel eignet sich nicht zur Illustration dieses Sachverhaltes, da es ein stark abergläubisches Subjekt voraussetzen würde. Das folgende Beispiel ist realistischer[4].

Ein fünfunddreißigjähriger Amerikaner X habe bisher pro Tag mindestens zwei Schachteln Zigaretten geraucht. Er liest eine Statistik der American Cancer Society und wird schwankend. In der Statistik wurde u.a.

---

[4] Dieses Beispiel findet sich bei R. Jeffrey, [Decision], S. 11 und S. 32. Der Leser findet in diesem Werk zahlreiche weitere Beispiele und Veranschaulichungen.

über die Chancen 35jähriger Männer berichtet, älter zu werden als 65, je
nachdem, ob sie Nichtraucher, Pfeifen- und Zigarrenraucher, schwache,
starke oder sehr starke Zigarettenraucher sind. X muß feststellen, daß er
nicht die Willenskraft hat, weniger als zwei Schachteln Zigaretten täglich
zu rauchen, wenn er überhaupt beim Zigarettenrauchen bleibt. Die einzige
Möglichkeit erblickt er darin, evtl. zum Zigarren- und Pfeifenrauchen über-
zugehen, welches ihm allerdings weniger Genuß bereitet. Im Augenblick
interessiert uns jedoch nicht seine Nützlichkeitsmatrix, sondern nur seine
Wahrscheinlichkeitsmatrix, die er aus der erwähnten Statistik wie folgt zu-
sammenstellt. (Da er an dem Bericht nicht zweifelt, fallen diesmal die subjektiven Wahrscheinlichkeiten mit den in der Statistik erwähnten objektiven
relativen Häufigkeiten zusammen):

	vor dem 65. Lebens- jahr sterben	mindestens 65 Jahre alt werden
mindestens zwei Schachteln Zigaretten pro Tag rauchen	0,41	0,59
nur Pfeifen und Zigarren rauchen	0,25	0,75

Für das allgemeine Schema müssen wir den Begriff der *bedingten Wahrscheinlichkeit* benützen. Es sei $p(U_k, A_i)$ die subjektive Wahrscheinlichkeit
der Realisierung von U_k unter der Voraussetzung, daß die Handlung A_i
vollzogen wurde. Wenn wir diesen Wert mit p_{ik} abkürzen[5], so lautet das
Schema der handlungsabhängigen Wahrscheinlichkeitsmatrix folgendermaßen:

$$\begin{pmatrix} p_{11} & \cdots & p_{1n} \\ \cdot & & \cdot \\ \cdot & & \cdot \\ \cdot & & \cdot \\ p_{m1} & \cdots & p_{mn} \end{pmatrix}$$

Während wir bei der handlungsunabhängigen Wahrscheinlichkeitsmatrix von der Wahrscheinlichkeitsverteilung für die Umstände sprachen, die
sich dann automatisch (Zeile für Zeile) auf die Resultate übertrug, dürfen
wir diesmal nur von einer *Wahrscheinlichkeitsverteilung für die Resultate* sprechen. Da jedes der R_{ik} deterministisch von A_i und U_k abhängt, könnten
wir definieren: $p(R_{ik}) = p_{ik} = p(U_k, A_i)$.

---

[5] Die Umkehrung der Indizes i und k gegenüber dem eben eingeführten Ausdruck ist dadurch motiviert, daß wir dieselbe Reihenfolge erhalten wollen wie bei
der Indizierung der Resultate R_{ik}. Diese lästige Permutation wird dadurch er-
zwungen, daß sich die obige Schreibweise für die bedingte Wahrscheinlichkeit
allgemein eingebürgert hat.

Wir haben nun das begriffliche Material beisammen, um zur Beantwortung der Frage übergehen zu können, was man mit diesem Material anfangen kann.

Anmerkung. Es sei eine kurze Andeutung darüber gemacht, wie sich die geschilderte Apparatur so verallgemeinern läßt, daß die moderne abstrakte Wahrscheinlichkeitstheorie anwendbar wird. Wir betrachten zunächst nur den Fall handlungsunabhängiger Wahrscheinlichkeitsverteilungen, so daß wir uns also auf die Umstände beschränken können. Diese Umstände können als Elemente des *Möglichkeitsraumes* (Stichprobenraumes) Ω gewählt werden. Während wir es stets mit endlich vielen Umständen zu tun hatten, kann auch der Fall unendlich vieler Umstände behandelt werden, ja man kann sogar zum stetigen Fall übergehen, der überabzählbar unendlich viele Umstände zuläßt. Im diskreten Fall bildet jede Teilmenge von Ω ein *Ereignis*. Im stetigen Fall muß man wieder so vorgehen, daß man eine Klasse von Teilmengen aus Ω auswählt und den durch diese Klasse erzeugten σ-Körper betrachtet; Ereignisse sind dann die Elemente dieses σ-Körpers. Eine *Wahrscheinlichkeit* bildet ein nichtnegatives, additives und normiertes Maß auf diesem σ-Körper.

Eine analoge Verallgemeinerung kann für die Handlungen vorgenommen werden: Statt endlich vieler möglicher Handlungen sind dann unendlich viele zu betrachten.

Wenn die Wahrscheinlichkeiten der Konsequenzen handlungsabhängig sind, so sind nicht die Umstände, sondern die Resultate als Elemente des Möglichkeitsraumes zu wählen. Im übrigen bleibt alles gleich.

3. Die Präferenzordnung zwischen Handlungen und die Regel von Bayes

Wir gehen davon aus, daß sich unser Subjekt soweit Klarheit über die Situation verschaffte, um die drei genannten Matrizen aufstellen zu können. Alle drei haben dieselbe Anzahl von Zeilen, nämlich ebensoviele als es mögliche Handlungen gibt, und alle drei haben auch dieselbe Anzahl von Spalten, nämlich ebensoviele als es Umstände gibt. Die Konsequenzenmatrix können wir für den Augenblick vergessen. Es kommt nämlich nur mehr auf die *Nützlichkeitsmatrix* sowie auf die *Wahrscheinlichkeitsmatrix* an.

Um sich entscheiden zu können, welche Handlung vollzogen werden soll, muß das Subjekt die Handlungen bewerten. Dies kann in der Weise geschehen, daß es den *erwarteten Nutzen* der Handlung ermittelt. Angenommen, die der Handlung A_i entsprechende Zeile der Nützlichkeitsmatrix weise die folgenden Nützlichkeiten auf:

$$nu_{i1}, nu_{i2}, \ldots, nu_{in};$$

und die dieser Handlung entsprechende Zeile der Wahrscheinlichkeitsmatrix enthalte die folgenden Wahrscheinlichkeiten:

$$p_{i1}, p_{i2}, \ldots, p_{in}.$$

Der erwartete Nutzen ist nichts anderes als der Erwartungswert des Nutzens, also die Größe:

$$nu_{i1} p_{i1} + nu_{i2} p_{i2} + \cdots + nu_{in} p_{in}.$$

Diesen Erwartungswert nennen wir den *subjektiven Wert* $S(A_i)$ *der Handlung* A_i, also:

$$S(A_i) = \sum_{k=1}^{n} n u_{ik} p_{ik}.$$

Auf diese Weise läßt sich der subjektive Wert jeder einzelnen der m Handlungen bestimmen. Stets ist dieser subjektive Wert identisch mit dem Erwartungswert des aus der Handlung resultierenden Nutzens. Nach m Kalkulationen gewinnt man die m subjektiven Werte $S(A_1)$, $S(A_2)$, ..., $S(A_m)$. Die Größenordnung zwischen diesen Werten soll *numerische Präferenzordnung der Handlungen* heißen.

Die **Regel von Bayes** besagt: *Wähle unter den möglichen Handlungen diejenige, welche in der numerischen Präferenzordnung den höchsten Wert hat!*

Die nach dieser Regel empfohlene Handlung ist diejenige, mit der die größte Nutzenerwartung verbunden ist. Das geschilderte Verfahren der subjektiven Handlungsbewertung hat eine überraschende Ähnlichkeit mit dem Vorgehen, welches wir bei rationalen Glücksspielern antreffen. Man könnte daher sagen, daß die Bayessche Regel von einem rational Handelnden verlangt, *er solle jede seiner möglichen Handlungen als Glücksspiel auffassen und sie demgemäß bewerten.* Wenn ein Glücksspieler weiß, daß von n einander ausschließenden Ereignissen e_1, ..., e_n eines eintreffen muß, die Wahrscheinlichkeiten des Eintreffens p_1, ..., p_n sind und die dabei zu erzielenden Gewinne g_1, ..., g_n betragen, so wird er den Wert des Glücksspieles mit $p_1 g_1 + p_2 g_2 + \cdots + p_n g_n$ ansetzen.

Zur Illustration betrachten wir etwa den Fall zweier Würfe mit einer homogenen Münze. Drei mögliche Ereignisse seien für den Glücksspieler relevant: 0-mal Kopf; 1-mal Kopf; 2-mal Kopf. Die Wahrscheinlichkeiten seien: 1/4, 1/2, 1/4. Für die drei Ereignisse werden die folgenden Gewinne in Aussicht gestellt: im ersten Fall nichts, im zweiten Fall 5,— DM, im dritten Fall 30,— DM. Der Erwartungswert beträgt: $1/4 \cdot 0 + 1/2 \cdot 5 + 1/4 \cdot 30$ $= 10$. Der Glücksspieler wird die Bezahlung von 10,— DM als einen fairen Preis für seine Teilnahme am Glücksspiel betrachten.

Terminologische Anmerkung. Der Ausdruck „Nutzenordnung" bezieht sich stets auf die Resultate, der Ausdruck „Präferenzordnung" auf die Handlungen. Das Verbum „vorziehen" wird in beiden Fällen verwendet. Aus dem Kontext geht jeweils klar hervor, ob sich das Vorziehen auf Handlungen oder deren Konsequenzen bezieht. In der später geschilderten vereinheitlichten Theorie von R. JEFFREY werden diese Unterscheidungen gegenstandslos werden, da an die Stelle von Umständen, Handlungen und Resultaten eine einzige Klasse von Entitäten tritt, nämlich Propositionen.

Wir sind oben davon ausgegangen, daß numerische Wahrscheinlichkeitswerte sowie numerische Nutzwerte verfügbar sind. Unter diesen beiden Voraussetzungen konnte eine *numerische* Präferenzordnung zwischen den Handlungen abgeleitet werden. Später werden wir häufig mit der

Situation konfrontiert sein, daß diese Voraussetzung nicht erfüllt ist. Trotzdem werden wir weiterhin von *Präferenzordnung* sprechen, darunter aber
eine nichtmetrische Ordnung verstehen. Inhaltlich gesprochen bedeutet
dies: Wir werden voraussetzen, daß das Subjekt für zwei beliebige mögliche
Handlungen weiß, ob es die eine der anderen vorzieht oder beide als gleich
günstig bewertet, so daß es in bezug auf sie indifferent ist. Wenn wir
$A_i \leqq A_j$ als Abkürzung für die Aussage verwenden, daß entweder die
Handlung A_j der Handlung A_i vom Subjekt vorgezogen wird, oder daß
das Subjekt in bezug auf die beiden Handlungen indifferent ist, so muß
die Relation $\leqq$ eine sog. *einfache Ordnung* bilden. Dies besagt zweierlei:

(1) Zwei beliebige Handlungen A und A' müssen in bezug auf diese
Relation vergleichbar sein, d.h. es muß gelten: $A \leqq A' \lor A' \leqq A$;

(2) die Relation $\leqq$ muß transitiv sein, d.h. für drei beliebige Handlungen A, A' und A'' muß gelten: $(A \leqq A' \land A' \leqq A'') \to A \leqq A''$.

Im folgenden wird aus dem Kontext stets klar hervorgehen, welche Art
von Präferenzordnung gemeint ist. Eine *numerische* Präferenzordnung ist
stets abgeleitet aus einer vorgegebenen metrischen Wahrscheinlichkeits-
ordnung sowie einer metrischen Nutzenordnung, repräsentiert durch eine
Wahrscheinlichkeitsmatrix und eine Nützlichkeitsmatrix mit numerischen
Eintragungen. *Eine nichtmetrische oder qualitative Präferenzordnung, die wir
später häufig als vorgegeben voraussetzen, ist demgegenüber stets im Sinn der eben
beschriebenen einfachen Ordnung zu verstehen.*

Genau dieselbe Verallgemeinerung wie für den Begriff der Präferenzordnung zwischen Handlungen werden wir für den Begriff der Nutzenordnung zwischen Resultaten vornehmen. Eine *numerische* Nutzenordnung
ist erst dann gegeben, wenn eine reellwertige Nutzenfunktion *nu* vorliegt,
die für alle möglichen Resultate R_{ik} definiert ist. Solange eine derartige
Funktion noch nicht verfügbar ist, haben wir es bloß mit einer *qualitativen*
Nutzenordnung zu tun, die wieder als einfache Ordnung im eben definierten
Sinn zu verstehen ist.

Die Unterscheidung zwischen diesen zwei numerischen und qualitativen
Ordnungen hat nur provisorischen Charakter. Damit, daß wir es in der vereinheitlichten Theorie von JEFFREY nur mehr mit einer einzigen Art von
Entitäten zu tun haben, werden die Unterschiede zwischen Nutzen- und
Präferenzordnung verschwinden. An deren Stelle tritt etwas, das wir die
(qualitative bzw. metrische) *Präferenzordnung zwischen Propositionen* nennen
werden.

4. Deskriptive und normative Betrachtungsweise. Der normative Entscheidungskalkül

Die bisherigen Ausführungen waren in einer wesentlichen Hinsicht vage.
Es wurde darin nicht klar zum Ausdruck gebracht, ob wir die Überlegun-

gen, welche rationale Personen vor ihren Entscheidungen anstellen, *be-schreiben* wollen; oder ob wir ein Schema dafür entwerfen möchten, wie ein rational Handelnder bei der Fällung seiner Entscheidungen vorgehen *soll*. Der erste Aspekt beherrscht Untersuchungen, die zur *deskriptiven* Entscheidungstheorie gehören, der zweite Aspekt dominiert in den Analysen der *normativen* Entscheidungstheorie.

Die *Entscheidungslogik* setzt sich das Ziel, die Grundregeln der normativen Entscheidungstheorie zu formulieren. Ausschließlich um eine solche normative Theorie geht es uns in diesem ersten Teil. Bisher kam der normative Gesichtspunkt in der Regel von BAYES zur Geltung. Dadurch, daß wir diese Regel als ein Sollensprinzip formulierten, wurde klar zum Ausdruck gebracht, daß darin eine Empfehlung für Personen, die rational handeln möchten, ausgesprochen wird, daß damit hingegen nicht der Anspruch erhoben wurde, eine empirische (und durch Beobachtungen des tatsächlichen Verhaltens potentiell falsifizierbare) Hypothese über das Verhalten lebender Personen aufzustellen.

Es wäre aber falsch zu glauben, daß der normative Gesichtspunkt erst in der die Präferenzordnung der Handlungen betreffenden Regel von Bayes zur Geltung kommen muß. *Auch die Wahrscheinlichkeitsverteilung und die Nutzenordnung müssen unter normativem Gesichtspunkt beurteilt werden.*

Was aber soll dies heißen? Es ist vielleicht zweckmäßiger, zunächst zu sagen, was es *nicht* bedeuten kann. Wir wollen hier — nur zum Zweck der Erläuterung — voraussetzen, daß es einen Sinn habe, von objektiven, aber unbekannten Wahrscheinlichkeiten zu sprechen. Behauptungen über derartige Wahrscheinlichkeiten sind statistische Hypothesen. Solche Hypothesen sind ebenso wie strikte Gesetzeshypothesen nicht verifizierbar[6]. Angenommen, jemand vertrete die Auffassung, man müsse für rational Handelnde die folgende Norm in bezug auf die Wahrscheinlichkeitsbewertung aufstellen: „Du sollst nur solche Wahrscheinlichkeitsbewertungen vornehmen, die mit den objektiven Wahrscheinlichkeiten übereinstimmen!" Dieser Forderung könnte mit Recht entgegengehalten werden, daß sie unsinnig sei. Die Vorschrift würde sich im Prinzip nicht von einer Handlungsvorschrift von der Gestalt unterscheiden: „Tue *A*, wenn die spezielle Relativitätstheorie richtig ist; wenn sie jedoch falsch ist, so tue *B*!" Man kann keinem Menschen einen sinnvollen Ratschlag von der Form geben, daß er seine Tätigkeit vom Wahrheitswert einer Aussage abhängig machen solle, wenn er prinzipiell außerstande ist, diesen Wahrheitswert festzustellen. Er wird mit Recht erwidern, daß er weder allwissend noch ein Hellseher sei.

Soll man also auf jede Normierung der subjektiven Wahrscheinlichkeitsbeurteilung verzichten? Daß auch dies nicht geht, kann man sich leicht

---

[6] Sie sind sogar, zum Unterschied von deterministischen Gesetzesvermutungen, nicht einmal falsifizierbar; aber dies spielt augenblicklich keine Rolle.

klar machen. Angenommen, unser Subjekt X bestimme die Erwartungswerte für ein Glücksspiel mit zwei möglichen Ausgängen, von denen einer
und nur einer eintreffen kann. Als Modellfall können wir wieder den Wurf
mit einer Münze nehmen. X bewerte die Wahrscheinlichkeit eines Wurfes
Kopf mit 0,65 und die Wahrscheinlichkeit eines Wurfes *Schrift* mit 0,75 und
nehme dann die Berechnung vor. Man wird hier mit Recht sagen, daß diese
Kalkulation unvernünftig war, da die Gesamtwahrscheinlichkeit der einander ausschließenden Alternativen 1 betragen muß, nicht jedoch 1,4 betragen
kann.

Es müssen also zumindest *die Grundaxiome der Wahrscheinlichkeitsrechnung*
gelten. Auch dies aber ist keine Selbstverständlichkeit, sondern *bedarf der
Rechtfertigung*. Man kann sich nicht darauf berufen, daß sich die Axiome der
Wahrscheinlichkeitstheorie allgemeiner Anerkennung erfreuen. Denn wo-
her wissen wir, daß dieser Vorzug, den die Axiome genießen, nicht bloß
auf einer schlechten Gewohnheit beruht, die sich im Verlauf der Zeit durch-
gesetzt hat? Man kann auch nicht, wie dies vielleicht in der empirischen
Statistik möglich wäre, behaupten, daß die Axiome sich bewährt hätten.
Denn die de-facto-Befolgung einer Norm ist für die Frage ihrer Geltung
unerheblich. Wenn alle Menschen potentielle Bestien sind, dann hat sich
ein Satz, der dies behauptet, bewährt. Wenn die Menschen dagegen alle
gegen gewisse Normen verstoßen, so sind nicht diese Normen falsifiziert;
vielmehr zeigt sich darin nur, wie schlecht es um den Menschen bestellt ist.

Die Frage der Rechtfertigung der Grundaxiome wird uns im zweiten
Teil ausführlich beschäftigen. Vorläufig begnügen wir uns damit, diese
Axiome nochmals anzuschreiben, und für ein bestimmtes Theorem, das
aus diesen Axiomen folgt, das Rechtfertigungsverfahren zu skizzieren. Der
Leser kann diese Skizze als Vorwegnahme der viel genaueren Diskussion
des Kohärenzbegriffs im Carnap-Teil betrachten.

Noch ein Wort zum Argumentbereich der Funktion p. Bei der obigen
Wahrscheinlichkeitsverteilung haben wir als Argumente die Umstände
$U_1, \ldots, U_n$ genommen. Tatsächlich jedoch müssen wir *Propositionen* benützen, welche diese Umstände beschreiben. (Damit nehmen wir die vereinheitlichte Theorie von JEFFREY vorweg.) Wir wollen aber nicht nur den
elementaren Propositionen Wahrscheinlichkeiten zuschreiben, in denen von
der Verwirklichung bestimmter Umstände die Rede ist. Auch „U_1 oder U_3
wird verwirklicht“, „U_2 ist nicht verwirklicht“ usw. sind mögliche Ereignisse, denen Wahrscheinlichkeiten zukommen. Wir erhalten somit: Der
Argumentbereich von p ist die kleinste Klasse von Propositionen, welche
die atomaren Propositionen enthält (d. h. diejenigen, welche die n Umstände
beschreiben) und die außerdem in bezug auf die Operationen der Negation,
der Adjunktion und der Konjunktion abgeschlossen ist. In technischer
Sprechweise: Der fragliche Argumentbereich besteht aus dem durch die

genannten n atomaren Propositionen erzeugten Körper von Propositionen[7]. Wenn t die tautologische Proposition ist, so sei f die logisch unmögliche Proposition $\neg\, t$. Die für den Körper der Propositionen geltenden Wahrscheinlichkeitsaxiome lauten (Variable für Propositionen bezeichnen wir durch lateinische Großbuchstaben aus dem Ende des Alphabetes; bestimmte Propositionen, die von t und f verschieden sind, werden durch lateinische Großbuchstaben aus dem Anfang des Alphabetes bezeichnet):

$\mathbf{P_1}$ $p(X) \geqq 0$, d.h. p ist *nichtnegativ*.

$\mathbf{P_2}$ $p(t) = 1$, d.h. p ist *normiert*.

$\mathbf{P_3}$ Wenn $X \wedge Y = f$[8], dann $p(X \vee Y) = p(X) + p(Y)$, d.h. p ist *additiv*.

Unter dem elementaren Wahrscheinlichkeitskalkül versteht man diese drei Axiome zusammen mit den daraus zu gewinnenden logischen Folgerungen[9]. Einige einfache Theoreme seien angeführt:

$\mathbf{T_1}$ $p(B) + p(\neg\, B) = 1$.

$\mathbf{T_2}$ $p(B) = p(B \wedge C) + p(B \wedge \neg C)$.

$\mathbf{T_3}$ $p(B) \geqq p(B \wedge C)$.

$\mathbf{T_4}$ $p(B \vee C) = p(B) + p(C) - p(B \wedge C)$.

Beweis:

Für $\mathbf{T_1}$ setze man in $\mathbf{P_3}$ links $B \vee \neg B$ ein, berücksichtige, daß $B \wedge \neg B = f$ und $B \vee \neg B = t$; letzteres ergibt nach $\mathbf{P_2}$ den Wert 1.

Für $\mathbf{T_2}$ benütze man die logische Äquivalenz von B mit $B \wedge (C \vee \neg C)$, d.h. mit $(B \wedge C) \vee (B \wedge \neg C)$, und wende wieder $\mathbf{P_3}$ an, was wegen $(B \wedge C) \wedge (B \wedge \neg C) = f$ zulässig ist.

$\mathbf{T_3}$ folgt aus $\mathbf{T_2}$ und $\mathbf{P_1}$.

$\mathbf{T_4}$: Wie man leicht nachprüft, ist $B \vee C$ L-äquivalent mit $C \vee (B \wedge \neg C)$. Die linke Seite ist also gleich $p((C \vee (B \wedge \neg C))$. Darauf kann man $\mathbf{P_3}$ anwenden, da $C \wedge B \wedge \neg C = f$. Man erhält: $p(C) + p(B \wedge \neg C)$. Das zweite Glied ist mit dem letzten Glied von $\mathbf{T_2}$ identisch. Man kann es daher gemäß $\mathbf{T_2}$ durch $p(B) - p(B \wedge C)$ ersetzen.

$\mathbf{T_4}$ läßt sich für eine beliebige endliche Alternative von Propositionen verallgemeinern, die genau dann vorliegt, wenn die Adjunktion dieser Pro-

---

[7] Den Übergang zum allgemeineren Begriff des σ-Körpers werden wir erst für die Carnapsche Theorie benötigen. Die Einführung des Begriffs der Proposition wird sich dadurch etwas komplizierter gestalten.

[8] Dies besagt, daß die Konjunktion $X \wedge Y$ logisch falsch ist.

[9] Falls man die Propositionen als *Aussagen*, also als sprachliche Gebilde, konstruiert, so muß man zusätzlich die wechselseitige Substituierbarkeit logisch äquivalenter Aussagen in p-Argumenten fordern. Falls man hingegen die Propositionen entsprechend dem in Teil II geschilderten Vorgehen von CARNAP *modelltheoretisch* konstruiert, so wird eine solche Zusatzforderung überflüssig. Denn die logische Äquivalenz wird dann zur Identität. Diese zweite Methode wird im obigen Text stillschweigend antizipiert.

positionen logisch notwendig und die Konjunktion von zwei beliebigen unter ihnen logisch unmöglich ist. Für den Fall einer dreigliedrigen Alternative aus B_1, B_2 und B_3, welche diese Bedingung erfüllt, besagt es: $p(B_1) + p(B_2) + p(B_3) = 1$.

Für den eben erwähnten Spezialfall soll die Rechtfertigung skizziert werden. Wenn ein Subjekt X einem möglichen Ereignis E eine *subjektive Wahrscheinlichkeit* p zuschreibt, so kann man dies in der Weise deuten, *daß X im Grad p an das Eintreffen von E glaubt*. Subjektive Wahrscheinlichkeit kann mit partiellem Glauben (mit partieller Überzeugung) identifiziert werden, und der Grad der Wahrscheinlichkeit mit dem Grad des partiellen Glaubens (der partiellen Überzeugung). Obwohl Überzeugungen keine Handlungen sind, so *manifestieren* sie sich doch unter geeigneten Bedingungen in Handlungen. Im vorliegenden Fall genügt es, die *Einstellung* von X *zu* verschiedenen möglichen *Handlungen* zu testen. Dies war der Grundgedanke, den unabhängig voneinander RAMSEY und DE FINETTI benützten, um zu einer Metrisierung der subjektiven Wahrscheinlichkeit zu kommen. Der erste gedankliche Trick, den sie benützten, bestand darin, sich auf bestimmte Typen von Handlungen zu konzentrieren: nämlich ein *Wettverhalten mit kleinen Geldbeträgen*, und außerdem das *Urteil* der handelnden Personen *über die Fairneß von Wetten* zu benützen[10].

Angenommen, X glaube im Grad 0,4, daß es morgen schneien wird. Was soll dies heißen? RAMSEYs und DE FINETTIs Interpretation lautet: X ist bereit, höchstens 40 Pf. gegen 60 Pf. darauf zu wetten, daß es morgen schneien wird. Er ist also bereit, 40 Pf. als Einsatz zu zahlen und nichts zu erhalten, wenn es nicht schneit, jedoch 1,— DM für den Fall zu bekommen, daß es schneit. Allgemein kann der Glaubensgrad oder die subjektive Wahrscheinlichkeit p als fairer Wettquotient interpretiert werden: Einem Ereignis (oder besser: einer Proposition) E eine Wahrscheinlichkeit p zuzuschreiben, kann als Bereitschaft gedeutet werden, p DM zu bezahlen, um 1,— DM zu erhalten, wenn die Proposition sich als richtig erweist, dagegen nichts zu erhalten, wenn sie sich als falsch erweist.

Da der Geldbetrag klein ist, können wir den subjektiven Nutzen mit diesem Betrag identifizieren, also die subjektive Nützlichkeit durch diesen Geldbetrag messen. Wenn wir den entscheidungstheoretischen Formalismus zur Berechnung des Erwartungswertes des Nutzens von X auf unser einfaches Beispiel anwenden, so erhalten wir: $p \times nu$ (schneien) $+ (1 - p) \times nu$ (nicht schneien) $= 0,4 \times 60 + 0,6 \times (- 40) = 0$. Die sog. Fairneß der Wette findet ihren Niederschlag darin, daß der Erwartungswert 0 herauskommt. Man kann dies auch so ausdrücken: X wäre ebenso bereit, mit dem Wettquotienten $1 - p$ (im Beispiel: 0,6) darauf zu wetten, daß E *nicht* stattfinden wird (daß es *nicht* schneien wird), wie X bereit ist, auf das Eintreten von E mit dem Wettquotienten p zu wetten.

Der zweite von den Autoren benützte gedankliche Trick besteht darin, nicht nur isolierte Wetten zu betrachten, sondern *Systeme von* solchen Wetten. Obwohl man deren Ausgang nicht kennt, kann man sich doch einen vorherigen Gesamtüberblick über sämtliche möglichen Ausgänge verschaffen. Der Begriff der Fairneß wird nun in folgender Weise auf Wettsysteme übertragen: Sowohl wenn X bei allen möglichen Ausgängen einen Gesamtgewinn macht als auch wenn X bei allen möglichen Ausgängen einen Gesamtverlust erleidet, ist das System *nicht*

---

[10] Die Wahl *kleiner* Geldbeträge ist dadurch motiviert, daß dadurch störende emotionale Faktoren (z.B. Furcht vor dem Verlust des Vermögens) sowie die Auswirkungen des Gesetzes vom abnehmenden Grenznutzen möglichst ausgeschaltet werden sollen.

fair. Im ersten Fall ist X ungerechtfertigt bevorzugt; denn er weiß ja von vornherein, daß seine Gesamtbilanz ein Gewinn sein wird. Im zweiten Fall ist X ungerechtfertigt benachteiligt; denn er weiß ja von vornherein, daß seine Gesamtbilanz in einem Verlust resultieren wird[11].

Halten wir nochmals die drei Voraussetzungen fest, welche in die folgende Argumentation Eingang finden:

(a) *Erste Voraussetzung.* Wenn das handelnde Subjekt X einer Proposition eine subjektive Wahrscheinlichkeit p beimißt, so betrachtet X *einen Vertrag als fair,* demgemäß er p DM bezahlen muß, um dann im Fall der Wahrheit der Proposition 1,— DM zu erhalten, im Fall ihrer Falschheit jedoch nichts zu erhalten.

(b) *Zweite Voraussetzung.* Wenn X verschiedene einzelne Verträge dieser Art für fair hält, so betrachtet es X auch *als fair, alle diese Verträge gleichzeitig abzuschließen.*

(c) *Dritte Voraussetzung.* Ein derartiges System von Wetten ist sowohl dann *unfair,* wenn bei jedem möglichen Ausgang ein positiver Gewinn erzielt wird (also *wenn Gewinn notwendig ist*), als auch dann, wenn bei jedem möglichen Ausgang ein Verlust erzielt wird (also *wenn Verlust notwendig ist*).

Wir hatten uns das Ziel gesetzt, den erwähnten Spezialfall zu rechtfertigen. Wir haben also drei einander ausschließende Alternativen. (Um die Sache anschaulich zu machen, kann der Leser folgendes Beispiel nehmen: B_1 sei die Proposition, daß es morgen schneien wird, B_2 die Proposition, daß morgen die Sonne scheinen wird, B_3 die Proposition, daß es weder schneien noch die Sonne scheinen wird.) X beurteile die drei Wahrscheinlichkeiten von B_1, B_2 und B_3 mit p_1, p_2 und p_3. Gemäß Voraussetzung (a) hält X also die folgenden drei Wetten für fair:

1. Wette: p_1 DM einsetzen und 1,— DM erhalten, wenn B_1, dagegen nichts, wenn nicht B_1.

2. Wette: p_2 DM einsetzen und 1,— DM erhalten, wenn B_2, dagegen nichts, wenn nicht B_2.

3. Wette: p_3 DM einsetzen und 1,— DM erhalten, wenn B_3, dagegen nichts, wenn nicht B_3.

Gemäß Voraussetzung (b) hält X es für fair, *alle drei Wetten simultan abzuschließen.* Wir nehmen also an, daß unser Subjekt tatsächlich alle drei Wetten abschließt. Genau einer der drei Fälle B_i muß eintreten. Wir verschaffen uns in einer Tabelle für jeden der möglichen Ausgänge einen Überblick über die Einzelgewinne sowie über den Gesamtgewinn (ein Verlust ist ein negativer Gewinn).

das folgende Ereignis tritt ein (die folgende Proposition ist wahr)	Gewinn aus der 1. Wette	Gewinn aus der 2. Wette	Gewinn aus der 3. Wette	Gesamtgewinn
B_1	$1 - p_1$	$- p_2$	$- p_3$	$1 - p_1 - p_2 - p_3$
B_2	$- p_1$	$1 - p_2$	$- p_3$	$1 - p_1 - p_2 - p_3$
B_3	$- p_1$	$- p_2$	$1 - p_3$	$1 - p_1 - p_2 - p_3$

---

[11] Da in den üblichen Begriff der Fairneß mehr an Voraussetzungen Eingang findet als die obigen Minimalbedingungen, wird bei der Schilderung von CARNAPs Theorie der farblosere Ausdruck „Kohärenz" verwendet werden.

Zur Erläuterung der Eintragungen in der zweiten bis dritten Spalte greifen wir die zweite Zeile heraus: Wenn B_2 verwirklicht wird, so wird weder B_1 noch B_3 verwirklicht. Also verliert X die erste und die dritte Wette. Da seine Einsätze in diesen beiden Wetten p_1 und p_3 betragen, verliert er sie, was bei der ersten Wette $-p_1$ und bei der dritten Wette $-p_3$ ergibt. Die zweite Wette gewinnt er. Er erhält somit den Gesamteinsatz von 1,— DM, von dem sein vorheriger Einsatz p_2 abgezogen werden muß, um seinen Reingewinn bei dieser Wette zu errechnen.

Die letzte Spalte enthält die Summen der Reingewinne, also die Summen aus den Beträgen, die man aus der zweiten, dritten und vierten Spalte derselben Zeile entnimmt. Es stellt sich heraus, *daß der Gesamtgewinn stets derselbe ist*, nämlich $1 - p_1 - p_2 - p_3$. *Dies bedeutet nichts geringeres, als daß man die Ausgänge der drei Wetten gar nicht hätte abwarten müssen. Vielmehr hätte man sofort* (im Beispiel: ohne Kenntnis des morgigen Wetters) *den gewonnenen oder verlorenen Betrag ausbezahlen können!*

Bei Abschluß aller drei Wetten beträgt der Gesamtgewinn also mit Sicherheit $1 - p_1 - p_2 - p_3$. Jetzt wenden wir unsere dritte Voraussetzung an: Sollte die Summe $p_1 + p_2 + p_3$ kleiner als 1 sein, so wäre X unfair bevorzugt worden; denn er würde einen Gesamtgewinn davontragen, komme was wolle. Wäre diese Summe größer als 1, so wäre der Gesamtgewinn $1 - p_1 - p_2 - p_3$ ein negativer Wert, also ein Verlust. X wäre unfair benachteiligt worden; denn er würde diesen Verlust erleiden, was immer sich auch ereignen mag. Die Fairneß des Systems der drei Wetten ist also nur dann garantiert, wenn die Summe gleich 1 ist, wenn also gilt: $p_1 + p_2 + p_3 = 1$. Dies aber war gerade zu zeigen.

Wir haben also bewiesen, daß aus den drei angegebenen Voraussetzungen die Gültigkeit des Additionsprinzips der Wahrscheinlichkeit in dieser speziellen Gestalt logisch folgt.

Das zuletzt gebrachte Beispiel zeigt, *daß sich eine gewisse Normierung des subjektiv-probabilistischen Verhaltens rechtfertigen läßt.* Natürlich kann man niemanden zwingen, derartige Normen zu befolgen. Aber man wird ihn, falls er es nicht tut, unvernünftig nennen.

Entscheidungstheorie kann man unter zwei ganz verschiedenen Gesichtspunkten betreiben: *als deskriptive* und *als normative.* Beide Disziplinen haben ihre Berechtigung. Wichtig ist nur, die in ihnen vorherrschenden Betrachtungsweisen nicht miteinander zu vermengen. In der *deskriptiven Entscheidungstheorie* werden empirische Untersuchungen über das Verhalten von Menschen in Entscheidungssituationen angestellt. Sollte man dabei zu generellen Aussagen gelangen, so haben diese den Charakter empirisch-hypothetischer Vermutungen. In der *normativen Entscheidungstheorie* werden Regeln formuliert, gegen die ein vernünftig Handelnder nicht verstoßen sollte. Es wäre durchaus denkbar, daß die Gesetzesvermutungen der ersten Theorie den in der zweiten Theorie aufgestellten Regeln widersprechen. Der normative Entscheidungstheoretiker würde darin keine Widerlegung seiner Auffassung, sondern die Konstatierung einer allgemein verbreiteten irrationalen menschlichen Verhaltensweise erblicken.

Es ist die normative, nicht die deskriptive Entscheidungstheorie, welche auch den Namen *Entscheidungslogik* erhalten hat. Der Ausdruck „Norm" darf nicht mißverstanden werden: Es werden keine Vorschriften darüber gemacht, wie man handeln soll, sondern nur darüber, wie man *nicht* handeln soll. Der individuelle Freiheitsspielraum, der dem handelnden Subjekt durch die wahrscheinlichkeitstheoretischen Axiome belassen bleibt, ist ungeheuer groß. CARNAP meint, vermutlich mit Recht, daß er *zu groß* sei, und daß man diesen Freiheitsspielraum durch zusätzliche negative Normativitätswälle weiter einschränken müsse. Auch diese Frage, ob und wie sich derartige zusätzliche Normen begründen lassen, soll erst im folgenden Kapitel erörtert werden.

Es ist aber zu beachten: *Entscheidungslogik $\neq$ Wahrscheinlichkeitslogik* (d. h. elementarer Wahrscheinlichkeitskalkül). Die wahrscheinlichkeitstheoretischen Axiome betreffen nur den probabilistischen Teil des Räsonierens eines rational handelnden Subjektes. Da, wie wir schon feststellten, auch der Begriff des *subjektiven Nutzens* bei diesem Räsonieren eine wichtige Rolle spielt, muß er mit dem Wahrscheinlichkeitsbegriff verknüpft werden. Dazu genügt ein einziges zusätzliches *Nützlichkeitsaxiom (Wünschbarkeitsaxiom)*. Wir nehmen dazu wieder an, daß die Argumente der Funktion *nu* *dieselben* sind wie die der Funktion *p*, also Propositionen (die Rechtfertigung dafür wird in 7.a gegeben). Dann genügt es, die folgende Frage zu beantworten: Nach welcher Regel ist der *nu*-Wert der Adjunktion $X \vee Y$ für zwei miteinander unverträgliche Propositionen X und Y zu bestimmen? Die Antwort liegt auf der Hand: Die Berechnung hat in Analogie zur Ermittlung des Erwartungswertes zu erfolgen. Genauer gesagt: Wir bilden das gewogene arithmetische Mittel aus den Werten $nu(X)$ und $nu(Y)$ mit den subjektiven Wahrscheinlichkeiten von X und Y als Wägungskoeffizienten. Dabei darf nicht übersehen werden, daß man — wie immer bei der Ermittlung des *gewogenen* arithmetischen Mittels — durch die Summe der Wägungskoeffizienten dividieren muß. (Bei der Berechnung des üblichen Erwartungswertes wird diese Zusatzüberlegung gegenstandslos, da man dort durch die Summe *aller* Wahrscheinlichkeiten dividieren muß, die stets den Wert 1 hat; im vorliegenden Fall gilt dies nur für diejenigen Spezialfälle, in denen X und Y zusammen eine erschöpfende Alternative bilden.) Wir erhalten somit das vierte Postulat:

P$_4$ *Wenn $p(X \wedge Y) = 0$ und $p(X \vee Y) \neq 0$, dann soll gelten:*

$$nu(X \vee Y) = \frac{nu(X) \cdot p(X) + nu(Y) \cdot p(Y)}{p(X) + p(Y)}$$

(Hier wurde die Voraussetzung der Unverträglichkeit abgeschwächt zu der Voraussetzung, daß die Wahrscheinlichkeit der simultanen Realisierung von X und Y genau 0 ist. Die zweite Voraussetzung ist notwendig, um einen von 0 verschiedenen Nenner zu erhalten. Es bedeutet offenbar keine praktische Einschränkung, wenn man Ereignissen mit der Wahrscheinlichkeit 0 keinen Nutzwert zuordnet.)

Wenn man bedenkt, daß die Tautologie t durch $X \vee \neg X$ darstellbar ist, ferner daß für diesen Fall die beiden Voraussetzungen von $\mathbf{P_4}$ erfüllt sind, und schließlich, daß in diesem Fall wegen $\mathbf{T_1}$ der Nenner den Wert 1 erhält, so gewinnt man sofort das für manche Berechnungen wichtige Theorem:

$$\mathbf{T_5} \quad nu(t) = nu(X) \cdot p(X) + nu(\neg X) \cdot p(\neg X).$$

Eine praktische Konsequenz dieses Theorems ergibt sich durch folgende elementare arithmetische Analyse: Es sei $nu(X) = a$ und $nu(\neg X) = b$. Wir nehmen an, diese beiden Werte seien nicht identisch. Ohne Einschränkung der Allgemeinheit können wir dann annehmen: $a > b$. Der Anschaulichkeit halber nehmen wir für die Wahrscheinlichkeiten rationale Werte an[12]. Wenn wir $p(X) = \dfrac{k}{n}$ und daher $p(\neg X) = \dfrac{n-k}{n}$ setzen, erhalten wir nach $\mathbf{T_5}$: $nu(t) = b + \dfrac{k}{n} (a - b)$. Da $0 \leq k/n \leq 1$, muß dieser Wert zwischen a und b liegen. Inhaltlich gesprochen: Der subjektive Nutzen des sicheren Ereignisses liegt für ein beliebiges Ereignis X zwischen dem Nutzen von X und dem von $\neg X$, vorausgesetzt, daß X und $\neg X$ nicht genau denselben Nutzen haben. Ferner gilt: Falls $p(X) = 1$, dann ist der Nutzen von t identisch mit dem von X; und falls $p(X) = 0$, dann ist der Nutzen von t identisch mit dem von $\neg X$.

Der auf diesen vier Postulaten beruhende Kalkül wird auch Nützlichkeits- oder Wünschbarkeitskalkül genannt. Da diese Bezeichnung den irrigen Eindruck erwecken könnte, daß es sich nur um Folgerungen von $\mathbf{P_4}$ allein handle, sprechen wir vom *rationalen Entscheidungskalkül*. Der Ausdruck „Kalkül" soll dabei nur zum Ausdruck bringen, daß es sich um *die axiomatisch aufgebaute Entscheidungslogik* handelt.

5. Äquivalente Transformation der Nützlichkeitsmatrix. Eine mögliche Normierung der Nutzenskala

Größerer Anschaulichkeit halber benützen wir jetzt wieder den früheren Symbolismus: A_i für Handlungen, U_k für Umstände, R_{ik} für Resultate. Um die Regel von BAYES befolgen zu können, muß die Präferenzordnung zwischen den Handlungen bekannt sein. Diese ist in den früheren Überlegungen nicht als gegeben vorausgesetzt worden, sondern bildete eine *abgeleitete* Ordnung. Die numerische Präferenzordnung wurde ja identifiziert mit der Ordnung der numerischen subjektiven Werte der möglichen Handlungen; und diese subjektiven Werte wurden ihrerseits wieder identifiziert mit den erwarteten Nutzwerten der Handlungen. Zur Berechnung der Erwartungswerte mußte die Wahrscheinlichkeitsmatrix sowie die Nützlich-

---

[12] Das Folgende gilt aber für beliebige reelle p-Werte, welche die drei Grundpostulate erfüllen.

keitsmatrix der Resultate *als vorgegeben* betrachtet werden; denn die Erwartungswerte sind gewogene arithmetische Mittel aus den Nützlichkeiten der möglichen Konsequenzen mit den Wahrscheinlichkeiten dieser Konsequenzen als Wägungskoeffizienten.

Vergleicht man nun die Wahrscheinlichkeitsmatrix mit der Nützlichkeitsmatrix, so ergibt sich in formaler Hinsicht ein wesentlicher Unterschied: Die Werte der Wahrscheinlichkeitsmatrix sind auf Grund der Wahrscheinlichkeitsaxiome bereits normiert; sie gehören alle dem Intervall zwischen 0 bis 1 an. Wir machen außerdem zwei weitere Annahmen: erstens sei das räsonierende Subjekt so weit rational, daß es nicht gegen die wahrscheinlichkeitstheoretischen Axiome verstößt; zweitens sollen die Wahrscheinlichkeitswerte für dieses Subjekt eindeutig festliegen[13]. Für die Nützlichkeitsmatrix machen wir keine analoge Annahme. Hier ist bisher noch nicht einmal eine Normierung vorgenommen worden. Als nachteilig bewertete Konsequenzen können z.B. negative Werte erhalten, als vorteilhaft bewertete hingegen positive Zahlen n mit $n > 0$. Hier stellt sich nun, wie für jede numerische Skala, das *Eindeutigkeitsproblem* für die Nutzenordnung. Man kann dieses Problem in scharfer Form folgendermaßen präzisieren[14]: Von welcher Art sind die Transformationen, denen man die Nutzenwerte $nu(R_{ik})$ unterwerfen kann, ohne die Präferenzordnung zwischen den Handlungen zu ändern? Wenn der fragliche Transformationstypus bekannt ist, so sagen wir, daß die Nutzenordnung eindeutig ist bis auf Transformationen dieses Typs.

Von einer *Verhältnisskala* spricht man z.B. dann, wenn Eindeutigkeit nur bis auf Ähnlichkeitstransformationen vorliegt, d.h. bis auf Abbildungen von der Gestalt $\varphi(x) = \alpha x$ mit positivem reellen α. Gewichtsskalen sind von diesem Typus. Von einer *Intervallskala* spricht man in denjenigen Fällen, wo Eindeutigkeit bis auf positive lineare Transformationen vorliegt, d.h. bis auf Transformationen vom Typus $\varphi(x) = \alpha x + \beta$ mit positivem reellen α und beliebigem reellen β. (Für $\beta = 0$ ergibt sich die Verhältnisskala als Spezialfall.) Von dieser Art sind die üblichen Temperaturskalen: Wenn x z.B. ein in Fahrenheit gemessener Temperaturwert ist, so gewinnt man den Celsiuswert durch Wahl von $\alpha = 5/9$ und $\beta = -160/9$. Wenn umgekehrt x ein Celsiuswert ist, so gewinnt man den entsprechenden Fahrenheitwert mit $\alpha = 9/5$ und $\beta = 32$. Eine absolute Skala liegt vor, wenn Eindeutigkeit bis auf die identische Transformation $\varphi(x) = x$ besteht. Die Skala der Wahrscheinlichkeitswerte ist nach unserer gegenwärtigen Annahme eine derartige absolute Skala.

Wenn zwei Nützlichkeitsmatrizen bei gegebener fester Wahrscheinlichkeitsmatrix zur selben qualitativen Präferenzordnung der Handlungen führen, so sollen die beiden Nützlichkeitsmatrizen *äquivalent* genannt werden. Die Lösung des Eindeutigkeitsproblems besteht also im Auffinden einer Funktion φ, welche die Nützlichkeitsmatrix in eine äquivalente überführt.

---

[13] Für die in Abschnitt 7 geschilderte Theorie wird dies nicht mehr gelten.
[14] Vgl. P. Suppes und J.L. Zinnes [Basic Measurement].

Man erkennt leicht, daß folgendes gilt: *Wenn man jeden Wert der Nütz-lichkeitsmatrix mit derselben positiven reellen Zahl multipliziert, so entsteht eine damit äquivalente Nützlichkeitsmatrix.*

Dazu hat man nur zu bedenken, daß jede Zeile der Matrix lediglich für die Berechnung eines Erwartungswertes benützt wird. Wenn also die *i*-te Zeile der Nützlichkeitsmatrix aus den Werten:

$$nu_{i1}, nu_{i2}, \ldots, nu_{in}$$

und die *i*-te Zeile der Wahrscheinlichkeitsmatrix aus den Werten:

$$p_{i1}, p_{i2}, \ldots, p_{in}{}^{15}$$

besteht, so ergibt sich als Erwartungswert $S(A_i) = \sum\limits_{k=1}^{n} nu_{ik}\,p_{ik}$. Multipli-ziert man alle Elemente der *i*-ten Zeile der Nützlichkeitsmatrix mit der positiven reellen Zahl *a*, so läßt sich dieser Wert herausheben und man gewinnt: $S^*(A_i) = a \cdot \sum\limits_{k=1}^{n} nu_{ik}\,p_{ik}$. Da dies für *jede* der *m* Handlungen gilt, erhalten wir: $S^*(A_i) = a \cdot S(A_i)$. Dies aber bedeutet, daß die Präferenz-ordnung unverändert bleibt: Die S^*-Werte erzeugen genau dieselbe Ord-nung zwischen den *m* Handlungen wie die *S*-Werte. (Denn dadurch, daß man *m* Zahlen mit derselben positiven Zahl multipliziert, kann man die Größenordnung zwischen diesen *m* Zahlen nicht ändern.)

Es gilt außerdem: *Wenn man zu jedem Wert der Nützlichkeitsmatrix eine beliebige reelle Zahl addiert, so entsteht wieder eine äquivalente Nützlichkeitsmatrix.*

Um auch dies rasch einzusehen, müssen wir uns daran erinnern, daß die *n* Umstände als einander ausschließende und sämtliche Möglichkeiten er-schöpfende vorausgesetzt waren. Aus den Wahrscheinlichkeitsaxiomen folgt daher, daß die Summe der Wahrscheinlichkeiten, die in einer Zeile der Wahr-scheinlichkeitsmatrix eingetragen sind, gleich 1 sein muß: $p_{i1} + p_{i2} + \cdots + p_{in} = 1$. Wenn man also in der *i*-ten Zeile der Nützlichkeitsmatrix den Wert β addiert:

$$nu_{i1} + \beta, nu_{i2} + \beta, \ldots, nu_{in} + \beta,$$

so ergibt sich jetzt als Erwartungswert $S'(A_i) = \sum\limits_{k=1}^{n} (nu_{ik} + \beta)\,p_{ik}$

$= \sum\limits_{k=1}^{n} nu_{ik}\,p_{ik} + \beta \sum\limits_{k=1}^{n} p_{ik} = S(A_i) + \beta$. Es wird also zu sämtlichen Er-wartungswerten *derselbe* (positive oder negative) Wert β addiert und die Präferenzordnung bleibt abermals erhalten. (Denn dadurch, daß man ein

---

[15] Die doppelte Indizierung verwenden wir nur deshalb, um auch den Fall der handlungsabhängigen Wahrscheinlichkeitsmatrix zu berücksichtigen. Für den Fall der handlungsunabhängigen Wahrscheinlichkeitsmatrix ist der erste untere Index überflüssig.

und dieselbe positive oder negative Zahl zu m vorgegebenen Zahlen addiert, kann man die Größenordnung zwischen diesen m vorgegebenen Zahlen nicht ändern.)

Wir haben somit erkannt: Wenn man jede Eintragung nu_{ik} der Nützlichkeitsmatrix durch eine Eintragung von der Gestalt $\alpha\, nu_{ik} + \beta$ mit reellen Zahlen α und β und $\alpha > 0$ ersetzt, so entsteht eine mit der ursprünglichen Matrix äquivalente Nützlichkeitsmatrix. In mathematischer Sprechweise ausgedrückt, besagt dieses Resultat: Die Nützlichkeitsmatrix ist eindeutig höchstens bis auf positive lineare Transformationen. Die metrisierte Nutzenordnung oder Nutzenskala ist eine *Intervallskala*.

Für die Addition haben wir uns oben auf den speziellen Fall beschränkt, daß zu allen Werten derselbe Wert addiert wird. Es gilt jedoch eine allgemeinere Behauptung, *vorausgesetzt, daß die Wahrscheinlichkeitsmatrix handlungsunabhängig ist*. $\beta_1, \ldots, \beta_n$ seien verschiedene reelle Zahlen. Wenn wir β_1 zu den Werten der ersten Spalte addieren, β_2 zu denen der zweiten Spalte, ..., β_n zu denen der n-ten Spalte, so entsteht wieder eine äquivalente Nützlichkeitsmatrix. Denn bei der Bestimmung der subjektiven Werte der Handlungen A_i wird jedesmal *derselbe* Wert $\sum\limits_{j=1}^{n} \beta_j\, p_j$ addiert. Für handlungsabhängige Wahrscheinlichkeitsmatrizen gilt diese Verallgemeinerung offenbar nicht, da wir dann p_{ij} statt p_j schreiben müßten und die p_{ij} bei gleichem j, aber verschiedenem i verschieden sein könnten.

Das geschilderte Resultat läßt sich dafür verwenden, um auch die Nützlichkeitsmatrix zu normieren: *Man kann die Nutzenwerte stets auf das Intervall von 0 bis 1 beschränken*, d.h. man kann diese Werte stets so wählen, daß der niedrigste Nutzenwert 0 und der höchste 1 ist. Dabei lassen wir nur den trivialen und uninteressanten Fall außer Betracht, daß alle Resultate denselben subjektiven Nutzen haben. Das Verfahren sei an einem elementaren Beispiel erläutert. Die Nützlichkeitsmatrix (für zwei mögliche Umstände und zwei mögliche Handlungen) habe die Gestalt:

$$\begin{pmatrix} -60 & -10 \\ 15 & 30 \end{pmatrix}$$

Wir beschließen, den niedrigsten Wert -60 durch 0 und den höchsten Wert 30 durch 1 zu ersetzen. Was an die Stelle der beiden übrigen Eintragungen zu treten hat, wissen wir noch nicht, können es aber leicht berechnen. Dazu müssen wir die beiden Koeffizienten α und β der Transformation bestimmen, welche unsere vorgegebene Matrix in eine neue Nützlichkeitsmatrix überführt. Da links oben 0 stehen soll, erhalten wir die Gleichung

(1) $-60\,\alpha + \beta = 0$,

und da rechts unten 1 stehen soll, gewinnen wir außerdem:

(2) $30\,\alpha + \beta = 1$.

Aus diesen beiden Gleichungen lassen sich die Werte α und β bestimmen. Subtrahiert man z.B. (1) von (2), so ergibt sich $\alpha = 1/90$. Setzt man diesen Wert in (1) ein, so gewinnt man: $\beta = 6/9$. Der rechte obere Wert

— 10 ist also zu ersetzen durch: — 10/90 + 6/9 = 5/9 und der linke untere durch: 15/90 + 6/9 = 1/6 + 4/6 = 5/6. Die transformierte Nützlichkeitsmatrix, welche die Normierungsbedingung erfüllt, lautet also:

$$\begin{pmatrix} 0 & 5/9 \\ 5/6 & 1 \end{pmatrix}.$$

Daß dieses Verfahren stets funktioniert, hat folgenden Grund: Nach Voraussetzungen sind die Nützlichkeiten nicht alle identisch; also können wir den niedrigsten mit 0 und den höchsten mit 1 ansetzen. Sollten nur diese beiden Werte in der Matrix vorkommen, so ist keine weitere Aufgabe zu lösen. Ansonsten erhalten wir für die beiden Werte zwei Gleichungen mit zwei Unbekannten α und β. Da eine der beiden Gleichungen rechts den Wert 1 aufweist, handelt es sich um ein inhomogenes Gleichungssystem. Dieses hat (nach der Cramerschen Regel) genau eine Lösung, wenn die Determinante nicht verschwindet. Letzteres ist aber sicher der Fall, da die beiden Koeffizienten der ersten Spalte nach Voraussetzung verschieden, die der zweiten Spalte hingegen identisch 1 sind.

6. Einige intuitive Zwischenbetrachtungen: Wechselseitige Abhängigkeiten von Nützlichkeiten, Wahrscheinlichkeiten und Präferenzen. Ein Blick auf die Theorie von Ramsey und die v. Neumann-Morgenstern-Theorie

6.a Ableitbarkeit der Wahrscheinlichkeitsmatrix aus der Nützlichkeitsmatrix und umgekehrt bei Handlungsindifferenz. Alle Überlegungen dieses Abschnittes sind nichtformaler Natur. Sie dienen einerseits der Vorbereitung für spätere Abschnitte; andererseits sollen sie soweit in die Theorien von RAMSEY und von NEUMANN-MORGENSTERN einführen, daß sich der Leser diese Theorien aneignen kann.

Wir sind methodisch so vorgegangen, daß wir die Präferenzordnung zwischen Handlungen aus der vorausgesetzten Kenntnis der Wahrscheinlichkeiten der Resultate und ihrer Nützlichkeiten ableiteten. Auf die Frage, wie das Subjekt zu den Wahrscheinlichkeiten und Nützlichkeiten gelangt, sind wir nicht eingegangen. Wir haben lediglich festgestellt, daß das Subjekt, falls es rational ist, bei seinen Wahrscheinlichkeitsbewertungen nicht die Postulate P_1 bis P_3 verletzen darf, und daß für das Verhältnis von Nützlichkeiten und Wahrscheinlichkeiten P_4 gelten muß. Ferner wissen wir aus Abschnitt 5, daß die Nützlichkeiten stets auf das Intervall zwischen 0 und 1 beschränkt werden können.

Wir machen nun drei Voraussetzungen: (1) Die Nützlichkeitsmatrix sei gegeben; (2) das Subjekt sei indifferent in bezug auf zwei mögliche Handlungen, d.h. es bewerte diese beiden Handlungen subjektiv als gleich; (3) die Wahrscheinlichkeitsmatrix sei handlungsunabhängig. *Dann können die Wahrscheinlichkeiten aus den Nützlichkeiten abgeleitet werden.* Zur Illustration greifen wir auf das erste Beispiel von Abschnitt 2 zurück.

Die dort gegebene Nützlichkeitsmatrix können wir auf Grund der Ergebnisse des vorigen Abschnittes in eine äquivalente verwandeln, indem wir
zu allen Gliedern den Wert 16 addieren. Wir erhalten somit:

$$\begin{pmatrix} 9 & 9 \\ 14 & 0 \end{pmatrix}$$

Die Wahrscheinlichkeiten p und $1 - p$ sind diesmal unbekannt. Der
subjektive Wert der ersten Handlung (mit dem Zug fahren) beträgt:
$9p + 9 - 9p = 9$, der subjektive Wert der zweiten Handlung (ein Flugzeug
wählen): $14p$. Da der Handelnde indifferent ist, d.h. beide Handlungen als
gleich gut bewertet, erhalten wir die Gleichung: $9 = 14p$, also $p = 9/14$.

Dies stimmt mit dem Wert überein, den wir damals angenommen hatten.
Während wir aber damals, durch Umkehrung der jetzigen Überlegung, aus
dieser Annahme hätten erschließen können, daß das Subjekt die beiden
Handlungen als gleich gut bewertet, *haben wir jetzt* aus der Voraussetzung,
daß für das Subjekt die beiden Handlungen gleich günstig sind, *den Wert
der Wahrscheinlichkeit, daß der Zielort nebelfrei ist, erschlossen.*

Für den Nachweis dafür, daß man unter geeigneten Umständen umgekehrt aus einer Kenntnis der Wahrscheinlichkeiten die Werte der Nützlichkeitsmatrix erschließen kann, knüpfen wir an das zweite Beispiel von Abschnitt 2 an. Die erste Voraussetzung besteht also diesmal darin, daß die
Wahrscheinlichkeitsmatrix gegeben sei, nämlich:

$$\begin{pmatrix} 0{,}41 & 0{,}59 \\ 0{,}25 & 0{,}75 \end{pmatrix}$$

Wie ein Blick auf diese Matrix lehrt, wird diesmal keine Handlungs-
unabhängigkeit angenommen; denn die beiden Zeilen der Wahrscheinlichkeitsmatrix stimmen nicht miteinander überein.

Um die Werte der Nützlichkeitsmatrix zu bestimmen, überlegen wir uns
zunächst, welche *formale Struktur* diese Matrix haben muß. Dazu müssen
wir uns die früher beschriebene psychische Situation von X etwas genauer
ansehen: Wir gehen zunächst von dem für X ungünstigsten Fall aus, nämlich daß X vor Erreichung des 65. Lebensjahres stirbt, obwohl er sich ganz
auf Pfeifen und Zigarren umgestellt hat. Der subjektive Wert dieser Konsequenz sei k. Jetzt müssen wir zwei ganz verschiedene Fälle von Nutzen-
zuwachs unterscheiden. Das erste ist der Zuwachs, der dadurch entsteht,
daß X weiterhin mindestens zwei Schachteln Zigaretten am Tag raucht,
statt sich auf Pfeifen- und Zigarrenrauchen umzustellen; diesen Zuwachs
nennen wir z_1. Er gilt offenbar für die beiden Glieder der *ersten Zeile.* Das
zweite ist der Zuwachs, der dadurch entsteht, daß X mindestens 65 Jahre
alt wird; diesen Zuwachs nennen wir z_2. Dieser Zuwachs gilt offenbar für
die Glieder der *zweiten Spalte.* Die Struktur der Nützlichkeitsmatrix ist also
die folgende:

$$\begin{pmatrix} k + z_1 & k + z_1 + z_2 \\ k & k + z_2 \end{pmatrix}.$$

Die Eintragung rechts oben ergibt sich daraus, daß X hier (und nur hier) beider zusätzlicher Vorteile teilhaftig wird, sowohl des Genusses des Zigarettenrauches als der Erreichung eines höheren Lebensalters. Wie diese und andere Überlegungen zeigen, haben wir verschiedene stillschweigende Voraussetzungen sozusagen eingeschmuggelt, nämlich: erstens daß man derartige Nutzenerhöhungen einfach addieren kann; zweitens daß der Zusatz z_1 derselbe ist, gleichgültig wie alt X wird; drittens daß auch der Zuwachs z_2 derselbe ist, gleichgültig, ob X seine bisherige Rauchgewohnheit beibehält oder sich auf das weniger erwünschte Rauchen von Pfeifen und Zigarren umstellt. Alle diese Annahmen können natürlich in einem konkreten Fall höchst anfechtbar sein. Doch wir wollen voraussetzen, daß sie zutreffen und daß wir daher die Nützlichkeitsmatrix in der obigen Gestalt akzeptieren können. Wenn wir von allen Gliedern k subtrahieren, so erhalten wir nach Abschnitt 5 abermals eine äquivalente Nützlichkeitsmatrix, nämlich:

$$\begin{pmatrix} z_1 & z_1 + z_2 \\ 0 & z_2 \end{pmatrix}.$$

Nun machen wir ganz analog zum ersten Fall die weitere Voraussetzung, *daß für X die subjektiven Werte der beiden Handlungen* (nämlich: (1) die bisherigen Rauchgewohnheiten beibehalten; (2) sich auf Pfeifen und Zigarren umstellen) *gleich groß sind.* Dann können wir die beiden Erwartungswerte gleichsetzen und erhalten:

also: $$0{,}41\,z_1 + 0{,}59\,(z_1 + z_2) = 0{,}75\,z_2,$$
$$z_1 = 0{,}16\,z_2.$$

Die Nützlichkeitsmatrix kann jetzt nochmals vereinfacht werden, indem man für z_1 dieses Ergebnis einsetzt:

$$\begin{pmatrix} 0{,}16\,z_2 & 1{,}16\,z_2 \\ 0 & z_2 \end{pmatrix}.$$

Durch Multiplikation mit $1/z_2$ erhalten wir schließlich die gewünschte Nützlichkeitsmatrix, die keine Unbekannten mehr enthält:

$$\begin{pmatrix} 0{,}16 & 1{,}16 \\ 0 & 1 \end{pmatrix}$$

Damit ist die Aufgabe, nämlich *die Nützlichkeiten aus den Wahrscheinlichkeiten abzuleiten,* gelöst. Der Leser wird vielleicht bereits bemerkt haben, daß wir im letzten Schritt abermals eine zusätzliche Voraussetzung machten, nämlich daß X in dem Sinn ‚kein Stoiker' ist, als für ihn ein längeres Leben einen Unterschied gegenüber einem kürzeren ausmacht, so daß z_2 ein von 0 verschiedener Wert ist, durch den man dividieren darf.

6.b Befreiung von der Voraussetzung der Handlungsindifferenz.

Die beiden in 6.a geschilderten Übergänge, der von den Nützlichkeiten zu den Wahrscheinlichkeiten und der von den Wahrscheinlichkeiten zu den

Nützlichkeiten, beruhten auf einer starken Voraussetzung: Dem handelnden Subjekt X mußten die zwei Handlungen als gleich vorteilhaft erscheinen. Wir drückten dieses Bestehen gleicher subjektiver Werte der Handlungen auch so aus, daß wir sagten: X sei in bezug auf die beiden Handlungen indifferent.

Daß eine derartige Indifferenzsituation vorliegt, ist natürlich *reiner Zufall*. In den meisten Fällen werden wir nicht mit einem solchen Zufall rechnen dürfen. Es soll nun gezeigt werden, wie man sich zumindest für einen der beiden Übergänge, nämlich für den Übergang von handlungsunabhängigen Wahrscheinlichkeiten zu den Nützlichkeiten, bisweilen von dieser Voraussetzung befreien kann. Der dabei benützte Gedanke geht auf F. P. RAMSEY zurück. Ohne Kenntnis der Arbeiten RAMSEYS haben v. NEUMANN und MORGENSTERN dieses Verfahren abermals entdeckt und in ihre Spieltheorie eingebaut.

Wenn wir eben davon sprachen, daß wir uns von der beschriebenen Voraussetzung befreien wollen, so ist dies etwas mißverständlich. Tatsächlich wird nämlich auch diesmal eine Indifferenz zwischen zwei Handlungen benützt, allerdings mit dem einen wesentlichen Unterschied, *daß eine solche Indifferenzsituation künstlich erzeugt wird*. Wir beschreiben die Konstruktionsmethode.

Gegeben seien drei mögliche Resultate R_1, R_2, R_3. R_2 habe den höchsten Nutzen, R_3 den niedrigsten; der von R_1 liege irgendwo dazwischen. Das Problem lautet: An welcher Stelle des Nutzenintervalls zwischen R_2 und R_3 liegt genau R_1? Zur Lösung dieses Problems genügt es, zwei einander ausschließende Umstände U_1 und U_2 mit den bekannten Wahrscheinlichkeiten p und $1 - p$ sowie zwei Handlungen A_1 und A_2 zu finden, so daß A_1 bei Realisierung von U_1 zum Resultat R_2 und bei Realisierung von U_2 zum Resultat R_3 führt und außerdem *gleich günstig* beurteilt wird wie die Handlung A_2, die nach Annahme stets zu R_1 führt. Sobald eine Handlung von der Art der Handlung A_1 gefunden worden ist, kann die folgende Überlegung angestellt werden: Wir normieren zunächst die Nutzenordnung in der früher angegebenen Weise, d. h. mit dem höchsten Nutzwert 1 für R_2 und dem niedrigsten Nutzwert 0 für R_3. Die Nutzenordnung sieht somit folgendermaßen aus:

	Numerische Nutzwerte
R_2	1
R_1	x
R_3	0

x ist der gesuchte und noch unbekannte Nutzen von R_1.

In einem zweiten Schritt wird eine Konsequenzenmatrix aufgestellt, bei der die erste Zeile aus der oben beschriebenen Handlung A_1 — mit den Umständen U_1 und U_2, welche die Wahrscheinlichkeiten p und $1 - p$ haben — erzeugt wird. Die erste Zeile der Matrix enthält also R_2 und R_3. In der zweiten Zeile wird beide Male R_1 eingetragen, da nach Voraussetzung die Handlung A_2 stets dieses Resultat erzeugt. (Die Beschreibung von A_2 laute etwa: „Nimm R_1, was auch immer sich ereignet".) Die drei Matrizen haben somit die folgende Gestalt:

(1) Konsequenzenmatrix:

$$\begin{array}{c} \quad U_1 \qquad U_2 \\ \begin{array}{c} A_1 \\ A_2 \end{array} \begin{pmatrix} R_2 & R_3 \\ R_1 & R_1 \end{pmatrix}. \end{array}$$

(2) Nützlichkeitsmatrix:

$$\begin{pmatrix} 1 & 0 \\ x & x \end{pmatrix}.$$

(3) Wahrscheinlichkeitsmatrix:

$$\begin{pmatrix} p & 1 - p \\ p & 1 - p \end{pmatrix}$$

Die Erwartungswerte, welche mit den subjektiven Werten der beiden Handlungen identisch sind, ergeben: $S(A_1) = p; S(A_2) = x \cdot p + x(1-p) = x$. Da nach Voraussetzung das Subjekt X die beiden Handlungen A_1 und A_2 gleich bewertet, also $S(A_1) = S(A_2)$ gilt, ergibt sich: $p = x$. *Der gesuchte Nutzen ist somit identisch mit der Wahrscheinlichkeit der ersten Bedingung U_1.* Damit ist gezeigt, daß die Aufgabe auf das Problem der Auffindung von A_1 reduzierbar ist.

RAMSEYs Idee bestand darin, *ein geeignetes Glücksspiel zu finden, welches die Funktion der Handlung A_1 übernehmen kann.* Die Ausdrücke „Handlung" und „Resultat" sind bisher nicht scharf definiert worden, sondern wurden rein intuitiv verwendet und blieben daher mit allen Vagheiten derartiger Alltagswörter behaftet. Die bisherigen Beispiele könnten allerdings den Gedanken naheleyen, als würden wir unter Handlungen nur *einfache* Handlungen verstehen, d.h. solche, die durch logisch nicht zusammengesetzte Handlungsanweisungen beschrieben werden („mit der Eisenbahn fahren"; „nur Zigarren und Pfeifen rauchen" etc.). Für die Beschränkung auf Handlungen dieses Typs besteht aber keinerlei Grund. Wir können auch *komplexe Handlungen* konzipieren, die durch logisch zusammengesetzte Handlungsanweisungen beschrieben werden. Uns interessieren hier vor allem diejenigen Fälle, in denen erstens eine Klasse von einander ausschließenden und zusammen alle Möglichkeiten erschöpfenden Bedingungen vorliegt (wie wir dies stets für die Umstände voraussetzten) und in denen zweitens für jede der Bedingungen eine einfache Handlungsanweisung gegeben wird.

Im Fall einer zweigliedrigen Alternative hat die Anweisung für eine solche komplexe Handlung die Gestalt: „Wenn die Bedingung U_1 erfüllt ist, tue dies, wenn hingegen U_2 erfüllt ist, tue jenes". *Dies aber ist gerade die logische Struktur (der Beschreibung) eines Glücksspiels von der gesuchten Art.*

Die eigentliche Schwierigkeit besteht darin, daß man ein Glücksspiel A_1 ausfindig machen muß, welches gleichzeitig zwei Anforderungen genügt: (1) Für die Bedingung U_1 muß die subjektive Wahrscheinlichkeit des Eintretens bekannt sein; (2) Das Glücksspiel A_1, welches beschrieben wird durch: „wenn U_1, so wähle R_2, wenn U_2, so wähle R_3" muß als gleich günstig erscheinen wie die folgendermaßen beschriebene Handlung A_2: „wähle R_1, gleichgültig, was der Fall sein wird (d.h. gleichgültig, ob U_1 oder U_2 verwirklicht ist)". Denn nur wenn die Person zwischen diesen beiden Handlungen indifferent ist, kann die obige Berechnung vorgenommen werden. Man kann nicht erwarten, daß einem die Auffindung eines geeigneten A_1 mit einem Schlage glückt. Da aber hinreichend viele Glücksspiele bekannt sind, mit deren Hilfe sich die erste Forderung erfüllen läßt, kann man durch geeignetes Experimentieren rasch zum Ziel gelangen.

Wir illustrieren den Sachverhalt am besten wieder an einem Beispiel, durch welches das obige abstrakte Schema konkretisiert wird. Angenommen, Hans ist bei seinem Freund zum Abendessen eingeladen und soll sich entscheiden, was er trinken möchte. Am liebsten würde er Weißwein wählen; aber den hat ihm sein Arzt verboten, so daß er diese Möglichkeit gar nicht in Betracht zieht[16]. Es verbleiben noch drei weitere Möglichkeiten: Rotwein, Mineralwasser, Apfelsaft. Zu früheren Zeiten hätte er unbedenklich zum Wein gegriffen. Aber da ihm sein Arzt den Rotwein zwar nicht verboten, ihm jedoch den Rat gegeben hat, lieber ganz ohne Alkohol auszukommen, nimmt er die beiden verfügbaren alkoholfreien Getränke in seine potentielle Wunschliste auf. Früher hätte er auf eine diese beiden Getränke betreffende Anfrage ohne Zögern geantwortet: „Beides gleich scheußlich". Nun aber erkennt er nach kurzer Reflexion, daß ihm etwas mit Geschmack doch lieber sei als etwas ganz ohne Geschmack. Rotwein steht somit an der Spitze der Nützlichkeitsskala (entspricht also dem obigen R_2) und erhält nach unserer Normierung den Wert 1, während Mineralwasser (entsprechend dem R_3) den untersten Punkt einnimmt und den Wert 0 erhält. Gefragt ist der Nutzwert x des Apfelsaftes (analog dem früheren R_1). Versuchen wir es zunächst mit einem Glücksspiel, das mittels eines homogenen Würfels konstruiert wird, so daß Hans der Überzeugung ist, bei einem beliebigen Wurf werde die Augenzahl 5 mit der Wahrscheinlich-

---

[16] Diese für das Folgende irrelevante Möglichkeit haben wir nur angeführt, weil darin ein Aspekt der Entscheidungstheorie zum Ausdruck gelangt: Es ist nicht notwendig, den Nutzen von allem zu bewerten, ‚was man eigentlich gern haben möchte', sondern nur von solchen Wünschen, *die man in die Tat umzusetzen bereit ist.*

keit 1/6 eintreten. Wir erhalten die folgende Konsequenzenmatrix, wenn wir als A_1 das im Diagramm angeführte Glücksspiel benützen:

	eine 5 wird geworfen	keine 5 wird geworfen
wähle Rotwein, wenn eine 5 geworfen wird, ansonsten Mineralwasser	Rotwein	Mineralwasser
wähle Apfelsaft	Apfelsaft	Apfelsaft

Sollte Hans bezüglich dieser beiden Handlungen indifferent sein, so würde wegen der Voraussetzung $p = 1/6$ das obige Rechenverfahren ergeben, daß auch $x = 1/6$, also daß Apfelsaft auf der zwischen 0 und 1 normierten Nutzenskala von Hans den Nützlichkeitswert 1/6 erhält. Sollte jedoch in seiner Präferenzordnung der Handlungen das Glücksspiel A_1 niedriger bewertet werden als A_2, so wäre dies nicht nur ein Symptom dafür, daß dieses Glücksspiel für die Lösung unserer Aufgabe nichts taugt, sondern daß wir ein anderes suchen müssen, bei dem U_1 eine höhere Wahrscheinlichkeit, z.B. die Wahrscheinlichkeit 1/4, hat. (Dadurch wird nämlich die Handlung A_1 *aufgewertet*: Während er beim obigen Glücksspiel nur mit einer Wahrscheinlichkeit von 1/6 Rotwein bekommt, mit einer Wahrscheinlichkeit von 5/6 hingegen das scheußliche Mineralwasser, soll er bei dem neuen Glücksspiel Rotwein mit einer Wahrscheinlichkeit 1/4 bekommen.) Ein geeignetes Glücksspiel bestünde z.B. in einem nach der Überzeugung von Hans nicht gefälschten Kartenspiel. Die beiden obigen Umstände könnten z.B. ersetzt werden durch: „eine Karo wird gezogen" und „keine Karo wird gezogen" und die Handlung A_1 nähme die Form an: „wähle Rotwein, wenn Karo gezogen wird; ansonsten Mineralwasser". (A_2 bleibt unverändert die Wahl von Apfelsaft.) Wenn diesmal Indifferenz besteht, so errechnet sich der gesuchte Nutzwert des Apfelsaftes als $x = 1/4$.

Der Übergang zum Kartenspiel zeigt zugleich, wie man eine hinreichend feine Unterteilung der Nutzenskala erzielen kann. Bereits mit dieser noch immer recht primitiven Vorrichtung läßt sich die Nutzenskala in 52 Intervalle von gleicher Länge 1/52 unterteilen. Sollte der Apfelsaft sehr tief unten liegen, also etwa bei 3/52, so würde sich dieser Wert bei der Wahl eines Glücksspiels ergeben, bei dem die erste Bedingung z.B. lauten könnte: „Herz Dame oder Pik Zwei oder Karo Sieben wird gezogen". Will man eine noch feinere Unterteilung, so braucht man nur auf eine Glücksspielvorrichtung mit hinreichend vielen gleichwahrscheinlichen Ausgängen zurückzugreifen. Falls es nicht gelingen sollte, auf diese Weise den *genauen* Nutzwert zu bestimmen, so kann man sich darauf beschränken, das *Nutzenintervall* zu bestimmen, in welches x hineinfällt. Wenn etwa im obigen Beispiel die Handlung A_2 höher bewertet wird als die Handlung A_1: „wähle

Rotwein, wenn eine Karokarte mit niedrigerer Zahl als Karo 8 gezogen wird; ansonsten Mineralwasser", jedoch niedriger als die Handlung A_1^*: „wähle Rotwein, wenn eine Dame oder ein König irgendeiner Farbe gezogen wird; ansonsten Mineralwasser", so muß der Nutzwert x des Apfelsaftes in der normierten Nutzenskala zwischen 7/52 und 8/52 liegen.

Es sei nochmals daran erinnert, daß es bei diesem Vorgehen unwesentlich ist, ob das Subjekt die etwaigen *objektiven* Wahrscheinlichkeiten der möglichen Resultate des Glücksspiels richtig beurteilt. Entscheidend sind allein seine subjektiven Wahrscheinlichkeitsbewertungen. Diese müssen bloß der Minimalforderung genügen, die Wahrscheinlichkeitsaxiome zu erfüllen; im übrigen können sie auf richtigen *oder falschen* statistischen Hypothesen über die vorliegende statistische Wahrscheinlichkeit beruhen.

6.c Wertindifferente Bedingungen, erweiterte Nutzenordnung und Ableitung der Wahrscheinlichkeiten. Wir wiederholen zunächst, was in 6.b als gegeben vorausgesetzt wurde und was hergeleitet worden ist. Vorausgesetzt werden mußte dreierlei: Erstens eine Kenntnis der *numerischen subjektiven Wahrscheinlichkeiten* (Kenntnis der Wahrscheinlichkeitsmatrix), zweitens eine Kenntnis der *qualitativen Präferenzordnung zwischen Handlungen* und drittens eine Kenntnis der *qualitativen Nutzenordnung zwischen den Resultaten* (das „qualitativ" ist hier im Sinn einer einfachen Ordnung zu verstehen; vgl. Ende von Abschnitt 3). Daraus wurde mit Hilfe des Kunstgriffes, Glücksspiele zwischen den Resultaten als neue Handlungen einzuführen, die *numerische* Nutzenordnung zwischen den Resultaten hergeleitet.

RAMSEY konnte aber noch mehr zeigen, *nämlich wie man sich sogar noch von der Voraussetzung gegebener numerischer Wahrscheinlichkeiten befreien kann*, sofern der Handelnde nicht alle möglichen Resultate für gleich nützlich hält. Hier wird ein weiterer gedanklicher Kunstgriff benützt: Glücksspiele zwischen Resultaten werden nicht nur als zusätzliche Handlungen, sondern auch *als zusätzliche Resultate* behandelt. So wie bei der ersten Deutung die Präferenzordnung erweitert wurde (nämlich wegen der Hinzunahme von Glücksspielen als Handlungen), so wird bei dieser neuerlichen Deutung die Nutzenordnung der Resultate erweitert (nämlich wegen der Hinzufügung von Glücksspielen als Resultaten).

Der Leser wird diesen neuen Gedanken vermutlich etwas verwirrend finden. Wir schienen ursprünglich von der stillschweigenden Annahme auszugehen, daß es drei wohlabgegrenzte Klassen von relevanten Entitäten gibt: Umstände, Handlungen und Resultate. Nun aber verschwimmen die Grenzen zwischen der zweiten und der dritten Klasse. Dies braucht uns jedoch nicht zu stören. Wir haben ja an keiner Stelle von der Annahme Gebrauch gemacht, daß man Handlungen *nicht* in die Konsequenzenmatrix hineinnehmen könne oder umgekehrt mögliche Resultate *nicht* zugleich als mögliche Handlungen betrachten dürfe.

Daß wir von jetzt an Glücksspielen diese Doppelrolle von Handlungen und Resultaten zuerkennen werden, kann der Leser zusätzlich auch als psychologische Vorbereitung für die Darstellung der vereinheitlichten Theorie von JEFFREY ansehen, in welcher generell an die Stelle von Umständen, Handlungen und Resultaten die sie beschreibenden Propositionen treten werden.

Für den Augenblick möge ein inhaltlicher Hinweis genügen: Wir haben oben bestimmte Glücksspiele als Handlungen gedeutet. Glücksspiele *von genau dieser Art* kann man aber auch als Geschenke benützen, d. h. als mögliche Resultate, die vom Beschenkten positiv bewertet werden. So z. B. könnte ich prinzipiell meinem Freund ein Geschenk von folgender Art machen: Ich sage ihm, er solle einen Wurf mit seinem Würfel machen (von dem wir beide voraussetzen, daß er unverfälscht sei). Falls er eine gerade Zahl wirft, bekommt er eine Kiste mit 12 Flaschen hochwertigen Sekts; falls er hingegen eine ungerade Zahl wirft, erhält er von mir eine Kiste mit 12 Flaschen Mineralwasser.

Ein für das Folgende benötigter Grundbegriff ist der Begriff der wertindifferenten Bedingung oder des wertindifferenten Umstandes[17]. Ein Umstand (eine Bedingung) U wird für ein Subjekt X *wertindifferent* genannt, wenn die (qualitative oder metrische) Nutzenordnung zwischen den Resultaten davon unabhängig ist, ob X glaubt, U sei verwirklicht oder nicht. In den bisher gebrachten Beispielen haben wir eine solche Wertindifferenz stillschweigend immer vorausgesetzt. Denken wir etwa an eines der in 6.b erwähnten Glücksspiele zurück: Wir nahmen als selbstverständlich an, daß die Vorliebe für Rotwein gegenüber den beiden anderen Getränken und die Stellung des Apfelsaftes zwischen Rotwein und Mineralwasser nicht davon abhängt, ob eine 5 geworfen oder eine Karo gezogen wird.

Bei der Schilderung der Nützlichkeitsmatrix in Abschnitt 2 hat die Voraussetzung der Wertindifferenz sogar *explizit* Eingang in unsere Darstellung gefunden: Die Nutzenfunktion *nu* wurde nur als *einstellige* Funktion mit den Argumenten R_{ik} gedeutet. Sollte die Voraussetzung der Wertindifferenz nicht erfüllt sein, so müßte man diese Funktion als zweistellige Funktion von Resultaten *und Umständen* einführen.

Zu dem Fall, daß die Indifferenzbedingung verletzt ist, gibt JEFFREY die folgende einfache Veranschaulichung[18]: Ein etwas geistesabwesender Katholik trifft am späten Nachmittag einen Freund, der ihn zu sich zu einem kalten Abendbrot einlädt. Der Freund fordert ihn auf, zwischen einer Reihe von Möglichkeiten zu wählen (verschiedene Fischsorten, Käsesorten, Schinken, Ei etc.). Dummerweise hat der Eingeladene vergessen, was für ein Tag heute ist. Es ist ihm zu peinlich, seinen Freund zu fragen; denn dieser könnte ihn für vertrottelt halten. Die Bedingung „heute ist Freitag" ist für den Gast *nicht* wertindifferent: Falls heute nicht Freitag ist, steht Schinken weit oben in seiner Nutzenordnung; falls dagegen heute Freitag ist, steht er an unterster Stelle. Wenn er den Schinken anderen angebotenen Möglichkeiten *stark vorzieht*, zugleich aber *starken Zweifel* hat, daß heute Freitag ist, wird er zu einer Nutzenordnung gelangen, die sowohl von der für Freitag als auch der von Nicht-Freitag abweicht (so daß der Schinken irgendwo zwischen

---

[17] In der englischen Literatur hat sich der von RAMSEY geprägte Ausdruck „*ethisch neutral*" eingebürgert. Da dieser Ausdruck in starkem Maße geeignet ist, falsche Assoziationen hervorzurufen, habe ich mich für den obigen harmloseren Ausdruck entschlossen.

[18] [Decision], S. 37.

dem Punkt eingeordnet wird, den er einnähme, wenn der Katholik sicher wäre, daß heute nicht Freitag ist, und dem Punkt, den er einnähme, wenn er genau wüßte, daß heute Freitag ist).

Es sei N ein wertindifferenter Umstand. R_1 und R_2 seien zwei mögliche Resultate, die in der qualitativen Nutzenordnung nicht dieselbe Stelle einnehmen, d.h. eines der beiden werde dem anderen vorgezogen. Es werden jetzt zwei Glücksspiele betrachtet:

1. Glücksspiel: R_1, wenn N verwirklicht wird, R_2, wenn N nicht verwirklicht wird.

2. Glücksspiel: R_2, wenn N verwirklicht wird, R_1, wenn N nicht verwirklicht wird.

Behauptung: *Falls das Subjekt X diese beiden Glücksspiele gleich bewertet, so hat der Umstand N für X die subjektive Wahrscheinlichkeit 1/2*[19].

Zur Illustration kann wieder auf ein Beispiel von der früheren Art zurückgegriffen werden. Das erste Glücksspiel laute etwa: „Rotwein, falls das Wurfergebnis eine gerade Augenzahl ist; Mineralwasser, falls das Wurfergebnis in einer ungeraden Augenzahl besteht." Das zweite Glücksspiel lautet dann: „Mineralwasser, falls das Wurfergebnis eine gerade Augenzahl ist; Rotwein, falls das Wurfergebnis in einer ungeraden Augenzahl besteht."

Der Beweis der Behauptung ist höchst einfach. Wir schreiben zunächst die Erwartungswerte der beiden Glücksspiele formal an, d.h. mit der unbekannten Wahrscheinlichkeit p von N und den (ebenfalls unbekannten) Nutzwerten x für R_1 und y für R_2. (Durch diese Nutzwerte kann im Verlauf der Rechnung gekürzt werden, so daß sie keine Rolle spielen.)

Erwartungswert des 1. Glücksspiels: $px + (1-p)y$;
Erwartungswert des 2. Glücksspiels: $py + (1-p)x$.

Nach der Voraussetzung über die Gleichwertigkeit für das Subjekt gilt: $px + (1-p)y = py + (1-p)x$, also: $2p(x-y) = x-y$, oder: $p = 1/2$. (Die Kürzung durch $2(x-y)$ ist zulässig, da der Nutzen x als vom Nutzen y verschieden vorausgesetzt worden ist.) Damit ist die Behauptung bewiesen.

Die subjektive Wahrscheinlichkeitsbewertung $1/2$ für N wurde aus drei Voraussetzungen abgeleitet: erstens daß die beiden möglichen Resultate R_1 und R_2 nicht dieselbe Stelle in der Nutzenordnung einnehmen; zweitens daß N wertindifferent ist; und drittens daß die obigen beiden Glücksspiele dieselbe Stelle in der Präferenzordnung einnehmen. Während die ersten beiden Voraussetzungen leicht erfüllbar sind, muß die dritte Bedingung durch Ausprobieren realisiert werden.

---

[19] Wie die Formulierung der Behauptung zeigt, werden die beiden Glücksspiele an dieser Stelle noch nicht als mögliche Resultate gedeutet, sondern als mögliche Handlungen interpretiert. Wir erinnern daran, daß wir die **qualitative** Präferenzordnung als gegeben voraussetzen.

Mit Hilfe des wertindifferenten Umstandes N, der die Wahrscheinlichkeit 1/2 *besitzt, kann nun die qualitative Nutzenordnung metrisiert werden.* Es sei etwa R_i ein Resultat mit höchstem und R_j eines mit niedrigstem Nutzen. Wir können die früher geschilderte Normierung vornehmen und den ersten Nutzwert gleich 1 und den zweiten gleich 0 setzen: $nu(R_i) = 1$, $nu(R_j) = 0$. Der Mittelpunkt der Nutzenskala, der den numerischen Wert 1/2 erhält, wird durch folgendes Glücksspiel bestimmt:

(1) R_j, *wenn N*; R_i, *wenn nicht N.*

(Tatsächlich ist ja der Erwartungswert dieses Glücksspiels: $0 \cdot 1/2 + 1 \cdot 1/2 = 1/2$.) Hier wird erstmals der Gedanke benützt, Glücksspiele als Resultate zu deuten, denen ebenso wie anderen Resultaten ein Nutzwert zuzuschreiben ist.

Wir sehen also, daß RAMSEYs gedanklicher Trick ein doppelter ist. In einem ersten Schritt werden Glücksspiele *als Handlungen* gedeutet und mit anderen Handlungen verglichen. Im gegenwärtigen Kontext (zum Unterschied von 6.b) sind die anderen Handlungen selbst ebenfalls Glücksspiele. In einem zweiten Schritt wird ein derartiges Glücksspiel *als Resultat* aufgefaßt und für die Metrisierung der Nutzenordnung benützt. Die Metrisierung beginnt mit der Festlegung des Mittelpunktes zwischen dem höchstwertigen und dem niedrigstwertigen Resultat.

Das Verfahren kann jetzt fortgesetzt werden. Es wird ein Resultat R_k gesucht, *welches denselben Nutzen hat wie das Glücksspiel* (1), also (nach dem ersten Metrisierungsschritt) den Nutzen 1/2. In (1) werde jetzt R_i durch R_k ersetzt; das auf diese Weise entstehende Glücksspiel:

(2) R_j, *wenn N*; R_k, *wenn nicht N.*

legt *den Punkt* 1/4 *auf der Nutzenskala* fest. (Tatsächlich ist der Erwartungswert: $0 \cdot 1/2 + 1/2 \cdot 1/2 = 1/4$.)

Wenn man hingegen in (1) nicht R_i, sondern R_j durch R_k ersetzt, so erhält man das Glücksspiel:

(3) R_k, *wenn N*; R_i, *wenn nicht N*,

durch welches der Punkt 3/4 auf der Nutzenskala festgelegt wird. (Der Erwartungswert ist: $1/2 \cdot 1/2 + 1 \cdot 1/2 = 3/4$.)

Nachdem die Nutzenskala in vier gleich große Intervalle unterteilt wurde, kann man das analoge Verfahren anwenden, um diese vier Intervalle wiederum zu halbieren, also acht gleiche Intervalle zu erhalten und so fort, bis man eine hinreichend feine Unterteilung gewonnen hat.

Auf Grund der auf diese Weise konstruierten Nutzenordnung lassen sich alle Resultate nach ihrem subjektiven Nutzen quantitativ bewerten. Zumindest ist die Gewähr dafür geschaffen, daß jedes Resultat in eines der Intervalle hineinfällt. (Wegen der Grenzen der subjektiven Unterscheidungsfähigkeit wird bei hinlänglich feiner Unterteilung jedes Resultat sogar einen genauen Wert erhalten.) Von einer *erweiterten* Nutzenordnung sprechen wir deshalb, weil außer den das Subjekt eigentlich interessierenden Resultaten auch die Glücksspiele, mit deren Hilfe die Nutzenordnung metrisiert wird, in die Klasse der nach Nützlichkeit bewerteten Objekte einbezogen werden müssen. Außerordentlich bemerkenswert an dem Ramseyschen Vorgehen ist die Tatsache, *daß die gesamte Metrisierung der Nutzenordnung mit Hilfe eines einzigen wertindifferenten Umstandes N von der subjektiven Wahrscheinlichkeit 1/2 vorgenommen wird.* Denn in den Glücksspielen (1) bis (3) sowie in den weiteren, für die Verfeinerung der Nutzenskala benötigten Glücksspielen, lauten die beiden Bedingungen stets „N" und „nicht-N".

Die bisherigen Überlegungen haben gezeigt, wie die Metrisierung der Nutzenordnung ohne vorherige Kenntnis der Wahrscheinlichkeitsbewertung erfolgen kann. Die einzige Wahrscheinlichkeit, die benötigt wurde, nämlich die Wahrscheinlichkeit 1/2 der wertindifferenten Bedingung *N*, ist nicht als gegeben vorausgesetzt worden, sondern wurde in der geschilderten Weise mittels eines Glücksspiels hergeleitet. *Das Überraschende an Ramseys Vorgehen besteht darin, daß er nach Konstruktion der metrisierten Nutzenordnung außerdem die Wahrscheinlichkeiten beliebiger Umstände bestimmen kann, also die ganze Wahrscheinlichkeitsmatrix zu ermitteln vermag.*

Es sei *U* ein beliebiger Umstand, von dem wir nicht anzunehmen brauchen, daß er wertindifferent ist. R_1 sei ein Resultat mit dem Nutzwert r_1, R_2 ein Resultat mit einem niedrigeren Nutzwert r_2. Die Existenz und Kenntnis dieser beiden Werte r_1 und r_2 können wir nach der vorangegangenen Konstruktion voraussetzen. Wieder wird jetzt der Gedanke benützt, daß Glücksspiele als Resultate wie als Handlungen interpretierbar sind. Das Glücksspiel laute diesmal:

(*a*) R_1, falls *U* verwirklicht ist; R_2, falls *U* nicht verwirklicht ist.

Als Resultat betrachtet, habe (*a*) den Nutzwert r_3. *Als Handlung* betrachtet, besitzt (*a*) einen Erwartungswert, der sich nach der früheren Regel bestimmen läßt. Diese beiden Werte müssen identisch sein; denn es handelt sich ja nur um zwei verschiedene Verfahren der Bestimmung des subjektiven Wertes von (*a*). Wenn wir die Formel für den Erwartungswert benützen und außer den drei bekannten Größen r_i die Wahrscheinlichkeit von *U* als Unbekannte *p* eintragen, so erhalten wir: $r_3 = pr_1 + (1 - p) r_2$, oder: $p(r_1 - r_2) = r_3 - r_2$, also ist *die gesuchte Wahrscheinlichkeit von U*:

$$p = \frac{r_3 - r_2}{r_1 - r_2}.$$

Damit beschließen wir die intuitive Skizze der Ramseyschen Theorie. In einem kurzen Überblick halten wir nochmals den Ausgangspunkt, die einzelnen Stadien sowie die Ergebnisse fest:

1. Vorausgesetzt wurden zwei nichtmetrische Ordnungen: eine *qualitative Präferenzordnung* der Handlungen und eine *qualitative Nutzenordnung* der Konsequenzen („qualitative Ordnung" bedeutet hier ebenso viel wie „einfache Ordnung" im Sinn der Ordnungstheorie).

2. Das erste Zwischenstadium besteht darin, *wertindifferente Bedingungen* ausfindig zu machen.

3. Das zweite Zwischenstadium besteht darin, aus der Klasse der wert-indifferenten Bedingungen eine solche Bedingung N auszuwählen, welche *die Wahrscheinlichkeit* 1/2 besitzt. Eine Kenntnis dieser Wahrscheinlichkeit wird nicht vorausgesetzt; vielmehr wird der Wahrscheinlichkeitswert auf die Präferenzordnung zwischen Handlungen zurückgeführt. Dabei wird der Trick benützt, Glücksspiele bestimmter Art als Handlungen zuzu-lassen.

4. In einem nächsten Schritt wird das erste wichtige Ergebnis gewonnen: *die Metrisierung der Nutzenordnung*. Dies geschieht durch bedingte Glücks-spiele mit den Bedingungen N und nicht-N, wobei die Glücksspiele dies-mal als Resultate behandelt werden. Dadurch entsteht die erweiterte Nut-zenordnung.

5. In einem letzten Schritt werden die *numerischen Wahrscheinlichkeiten* beliebiger, also auch nicht wertindifferenter Umstände bestimmt. Dies ge-schieht abermals mit Hilfe der Konstruktion von Glücksspielen, in denen das Eintreffen und Nichteintreffen dieser Umstände als Bedingung dient. Bei der Berechnung des Wahrscheinlichkeitswertes wird erstens die Tat-sache benützt, daß ein derartiges Glücksspiel *als Resultat* in der bereits ver-fügbaren Nutzenordnung einen bestimmten Wert haben muß, zweitens die weitere Tatsache, daß dieses Glücksspiel *als Handlung* einen Erwartungs-wert besitzen muß, in dessen Formel nur die Wahrscheinlichkeit als Unbe-kannte auftritt. Die Identifizierung der beiden Werte ermöglicht die Be-rechnung dieser Wahrscheinlichkeit.

Abschließend möge noch andeutungsweise eine Begründung für den ersten Satz dieses ganzen Abschnittes gegeben werden, nämlich dafür, daß wir diese Betrachtungen nur als eine *intuitive Skizze* bezeichnet haben, nicht jedoch als eine streng durchgeführte Theorie. Denn einige Leser werden sich vielleicht fragen: Wozu diese Bescheidenheit? Die Argumente *schienen* ja die Form korrekter Beweise zu haben. Daß dies nicht der Fall ist, ergibt sich aus den folgenden Hinweisen:

(I) Wieviele Resultate muß es geben? Diese Frage haben wir nicht aus-drücklich formuliert. Und doch ist es wichtig, sie zu beantworten, um eine Voraussetzung aufzudecken, die erfüllt sein muß, damit die Unterteilung der Nutzenskala *beliebig fein* gemacht werden kann: Dazu nämlich muß die Liste der voneinander verschiedenen Resultate *potentiell unendlich* sein. Wir mußten ja, angefangen vom Nutzwert 1/2, für jeden unter Benützung eines Glücksspiels neu eingetragenen Wert auf der Nutzenskala voraussetzen, daß wir ein Resultat finden würden, dem dieser Nutzen zukommt (nämlich ein Resultat, das denselben Nutzen hat, wie das betreffende Glücksspiel; vgl. die früher angeführte Nutzengleichung zwischen R_k und (1)).

(II) Eine stillschweigende Voraussetzung, die wir bei der Konstruktion der Nutzenskala machten, war die Existenz einer Konsequenz von höchstem und einer von niedrigstem Nutzen. Wie aber, wenn es zu jedem Resultat eines gibt, das in der Nutzenordnung höher eingestuft wird und (oder) ein anderes, das in der Nutzenordnung niedriger eingestuft wird? Dann muß das Verfahren offenbar modifiziert werden.

(III) Wie die Handhabung der Glücksspiele zeigte, begannen die Grenzen zwischen Handlungen und Resultaten zu verschwimmen. Ist es überhaupt notwendig, zwischen diesen beiden Arten von Gegenständen zu unterscheiden? Wenn nicht, dann wäre es auch überflüssig, zwischen Nutzen- und Präferenzordnung zu unterscheiden. Bei der im nächsten Abschnitt geschilderten Theorie fällt dieser Unterschied tatsächlich fort.

(IV) Wir dürfen schließlich nicht vergessen, daß wir an die numerischen Funktionen p und nu die Anforderung stellten, den vier Grundpostulaten des rationalen Entscheidungskalküls genügen zu müssen. Wir haben nicht gezeigt, daß diese Forderung erfüllt ist, z.B. daß das zuletzt geschilderte Verfahren der Berechnung von Wahrscheinlichkeiten nicht gegen die Additivitätsbedingung verstößt oder aus dem Intervall [0, 1] herausführt.

(V) Wir haben nicht genauer untersucht, ob wir nicht noch von weiteren Voraussetzungen Gebrauch machten. Eine detailliertere Analyse zeigt, daß man insgesamt vier Bedingungen benötigt. Wir werden sie die *vier Fundamentalbedingungen* nennen und in 7.c genauer beschreiben.

7. Die einheitliche Theorie von R. Jeffrey

7.a Zurückführung von Handlungen, Umständen und Resultaten auf Propositionen. Wenn es möglich ist, eine einheitliche Klasse von Entitäten einzuführen, so kann man nicht nur subjektive Werte (bisher bezogen auf Handlungen) und Nützlichkeiten (bisher bezogen auf Konsequenzen) identifizieren und damit auch Nutzen- und Präferenzordnung gleichsetzen, sondern kann darüber hinaus denselben Entitäten Wahrscheinlichkeiten zuordnen, die man auf ihren Nutzen hin beurteilt.

Die Umstände (Natur- oder Weltzustände) bilden den Gegenstand von sicheren oder partiellen Überzeugungen. Wenn jemand *glaubt*, daß es morgen schneien werde, so hat er eine bestimmte *Einstellung* (Attitüde, attitude) zu der Proposition, daß es morgen schneien wird. Wenn er *wünscht*, morgen solle es schneien, so hat er ebenfalls eine bestimmte, aber andere Art von *Einstellung* zu der Proposition, daß es morgen schneien wird. Wem diese Deutung des Wünschens als künstlich erscheint, der kann doch zumindest zugeben, daß es für theoretische Untersuchungen zulässig sei, Propositionen als Objekte jener Einstellung zu wählen, die wir *Wünschen* nennen. Wenn jemand wünscht, daß kein Krieg mehr ausbrechen solle, oder wünscht, daß seine Mannschaft Fußballmeister wird, so wünscht er, daß bestimmte Propositionen gelten: *die Proposition*, daß der Frieden erhalten bleibt; *die Proposition*, daß seine Mannschaft die größte Punktzahl erhält.

Im alltäglichen Gespräch führen wir zwar reale Objekte als Gegenstände von Wünschen an: Man möchte ein Glas Wein, ein Auto, ein Haus. Aber solche Wendungen können als elliptische Formulierungen angesehen werden, die in die wünschen-daß-Sprechweise zu übersetzen sind. Am besten eignet sich die Übersetzung mittels des mehrdeutigen Wortes „haben". „Die Person X wünscht y" bedeutet dann soviel wie: „die Person X wünscht, daß $X y$ hat" (wobei das „haben" je nach Kontext zu spezifizieren ist als: besitzen, bekommen, gewinnen etc.). Ist einmal die Umformung in die daß-Sprechweise erfolgt, so kann man wieder beschließen, das Wünschen als Einstellung zu einer Proposition aufzufassen.

Die Einführung quantitativer subjektiver Wahrscheinlichkeiten wie die Einführung quantitativer Nützlichkeitswerte beruht auf der Annahme, daß man für beide Arten von Einstellungen zu Propositionen eine Metrisierung vornehmen kann. Im einen Fall handelt es sich um eine *Metrisierung des partiellen Glaubens*, die zur *qualitativen subjektiven Wahrscheinlichkeit* führt, im anderen Fall um eine *Metrisierung der Wünschbarkeiten*, die zur *subjektiven Nützlichkeitsskala* führt.

Es ist kein Zufall, sondern Absicht, daß hier im ersten Fall vom Glauben, im zweiten dagegen nicht vom *Wünschen*, sondern von der *Wünschbarkeit* gesprochen wurde. Wäre vom Wünschen die Rede gewesen, so könnte, wie Jeffrey bemerkt[20], behauptet werden, daß man nur dasjenige wünschen könne, *was man noch nicht hat*. Die Entscheidungstheorie würde dadurch in ihrer Anwendung stark beeinträchtigt. Dieser Nachteil fällt im anderen Fall fort: Auch Objekte, die man besitzt oder wenigstens zu besitzen glaubt, kann man für *wünschbar* halten.

Daran ändert auch die Tatsache nichts, daß Menschen häufig, nachdem sie das Gewünschte bekommen haben, dieses für weniger gut halten als es ihnen vorher erschien. Es könnte sogar *ein allgemeines psychologisches Gesetz* gelten, wonach für Menschen der Grad der Wünschbarkeit des heiß Begehrten sinkt, sobald es in ihren Besitz gelangt ist. Dieses Gesetz würde nur den Umstand besonders drastisch verdeutlichen, daß der subjektive Nutzen, den etwas für eine Person hat, *auf einen Zeitpunkt zu relativieren* ist. Die für eine Person relevanten Lebensumstände, wozu auch ihre Erfahrungen gehören, ändern sich ständig; und die Wünschbarkeit hängt von diesen Umständen und Erfahrungen ab.

Es ist *weder* Aufgabe der Entscheidungstheorie zu untersuchen, warum sich die Wünschbarkeiten für Personen in dieser und jener Weise ändern, *noch* ist es ihre Aufgabe, Nützlichkeitsbeurteilungen zu kritisieren und als teilweise unvernünftig oder sogar sittlich verwerflich zu charakterisieren. Ihre Aufgabe ist es allein, den Nutzenbegriff zu klären und Methoden zur Metrisierung der qualitativen Nutzenordnung zu entwickeln, welchen dynamischen Ablaufgesetzen die subjektiven Bewertungen auch immer unterliegen mögen und wie immer sich diese Bewertungen von einem (angebli-

---

[20] a.a.O., S. 52.

chen oder tatsächlichen) objektiven Beurteilungsmaßstab her ausnehmen. *Die normative Entscheidungstheorie ist keine Ethik.* Sie stellt zwar auch — wie besonders eindringlich durch die Regel von Bayes gezeigt wird — Normen auf, aber nicht Normen darüber, was wer für wünschbar halten soll, sondern Normen oder Rationalitätskriterien erstens für die subjektiven Wahrscheinlichkeitsbeurteilungen und zweitens für den Zusammenhang von Wahrscheinlichkeiten und subjektiven Präferenzen. Daß eine Person daran glaubt, daß *eher* das eine *als* das andere Ereignis eintreten wird, oder daß sie ein Objekt für *wünschbarer* hält *als* ein anderes, sind für die Entscheidungstheorie vorgegebene Daten, hingegen keine Objekte wertmäßiger Beurteilungen.

Es kann sogar der extreme Fall eintreten, daß man vom entscheidungstheoretischen Standpunkt aus die Handlungen einer Person als rational beurteilen muß, ungeachtet dessen, daß man dieser Person ein krankhaftes emotionales Leben zuschreibt, weil sie z.B. vor allem ursprünglich Gewünschten und nicht Besessenen Ekel empfindet, sobald sie es in ihren Besitz gebracht hat. Die Entscheidungslogik erhebt nicht den Anspruch, psychische Mechanismen zu durchschauen und den Leuten ins Herz zu blicken. Daher kann sich für den Psychiater ein vollkommen anderes Bild von einem Menschen ergeben als für den Entscheidungstheoretiker, weil jener dasjenige zum Gegenstand seiner Untersuchungen macht, was dieser für die Zwecke seiner Analysen als gegeben hinnimmt.

Wir müssen das eingangs Gesagte somit geringfügig modifizieren. In bezug auf Überzeugungen gilt das dort Gesagte unverändert: *Überzeugungen* sind Einstellungen zu Propositionen. Zwischen den Grenzfällen der vollkommenen Sicherheit und dem totalen Unglauben gibt es Grade der Sicherheit, die wir *Wahrscheinlichkeiten* nennen. Darüber hinaus gibt es andere Einstellungen zu Propositionen, auf Grund deren diese als mehr oder weniger *wünschbar* erscheinen. Aus dem angegebenen Grund ist es ratsam, diese Einstellungen nicht Wünsche zu nennen.

Zum Unterschied von der deskriptiven Entscheidungstheorie werden in der rationalen Entscheidungstheorie Rationalitätskriterien verwendet. Die den Rationalitätskriterien genügende subjektive Wahrscheinlichkeit wird auch *personelle Wahrscheinlichkeit* genannt. Dafür haben sich Wendungen wie „Grad des vernünftigen Fürwahrhaltens", „Grad der vernünftigen Überzeugung" usw. eingebürgert, die alle zu Mißverständnissen Anlaß geben können. Gemeint ist nicht, daß der Grad *der* Vernünftigkeit eines Fürwahrhaltens gemessen werden soll — was auch möglich wäre —, sondern daß mit der personellen Wahrscheinlichkeit der Grad *des* Fürwahrhaltens (*der* Überzeugung) gemessen wird; die Vernünftigkeit kommt nur soweit ins Spiel, als vorausgesetzt wird, daß die Überzeugungen gewissen Minimalbedingungen für Vernünftigkeit genügen müssen, nämlich den Postulaten der Entscheidungslogik. Carnap hält diese Bedingungen für unzureichend. Die Frage, ob er damit recht hat, klammern wir vorläufig aus. Sie wird im zweiten Teil ausführlich erörtert werden. Dort wird dann auch deutlich werden, daß der eigentliche Gegensatz nicht zwischen Carnap und Popper besteht, sondern zwischen Carnap und den personalistischen Wahrscheinlichkeitstheoretikern.

Der Weg zu einer einheitlichen Theorie ist somit geebnet: *Umstände* werden durch Propositionen beschrieben, an die man mit Sicherheit glauben kann, bis zu einem gewissen Grad glauben kann oder nicht glauben kann. *Konsequenzen* oder *Resultate* von Handlungen und Umständen werden durch Propositionen beschrieben, die man für mehr oder weniger wünschbar hält. *Handlungen* schließlich werden ebenfalls durch Propositionen beschrieben, zwischen denen subjektive bzw. personelle Präferenzen bestehen. (Zu diesem Verhältnis von Handlungen und Propositionen folgen weiter unten einige klärende Ausführungen.)

Mit der Einführung der Propositionen als einheitlichen Entitäten ist es überflüssig geworden, zwischen den beiden (qualitativen oder metrischen) Ordnungen zu unterscheiden, die wir Präferenzordnung (zwischen Handlungen) und Nutzenordnung (zwischen Resultaten) nannten. Wir werden nun für die *qualitative* Ordnung den Ausdruck „*Präferenzordnung*" verwenden, den Ausdruck „*Nutzenordnung*" hingegen für die entsprechende *quantitative* Ordnung reservieren. Das Janusgesicht der Glücksspiele, das es gestattete, diese von der Tabelle der möglichen Handlungen in die Matrix der möglichen Resultate hinüberzuschieben und umgekehrt, hat jetzt das Air des Mysteriösen verloren. *Alle* Handlungen und *alle* Resultate haben dieses Janusgesicht: Sie werden alle durch Propositionen beschrieben, die man für mehr oder weniger wünschbar halten kann, anders gesprochen: die eine höhere oder niedrigere Stelle in der Präferenzordnung einnehmen können.

Der Begriff der atomaren Proposition soll hier nicht weiter analysiert werden. Für den allgemeinen Begriff der Proposition genügt es, die frühere formale Charakterisierung zu übernehmen, wonach es sich bei der Klasse der Propositionen um einen Körper handelt, der von der Klasse atomarer Propositionen erzeugt wird. Bei der späteren Schilderung der Carnapschen Theorie sollen die Atompropositionen weiter zergliedert und als Klassen von Modellen gedeutet werden; jedes Modell wird dabei seinerseits als eine bestimmte numerische Funktion interpretiert werden.

Gegen die vorgeschlagene Deutung könnte man, wie Jeffrey (a.a.O. S. 72f.) bemerkt, einwenden, daß der Handelnde als ein inaktives, passives Wesen konstruiert werde: Er begrüßt Neuigkeiten mit größerer oder geringerer Begeisterung und reagiert auf andere mit Kummer und Bedauern; *aber er handelt eben nicht.*

Diesem Einwand kann man durch die folgende Differenzierung begegnen: Zunächst stellen wir fest, daß wir beliebige Handlungen *durch Propositionen beschreiben* können. Wir können sagen: *X* fährt mit der Eisenbahn; *X* wählt Rotwein; *X* schließt den Kaufvertrag ab usw. Hat man dies einmal zugestanden, so kann man noch einen Schritt weiter gehen und sagen: *Mögliche Handlungen, zwischen denen eine Person X wählen kann, sind*

Propositionen, die X wahrzumachen imstande ist. „Eine bestimmte Handlung *B* ist für *X* möglich" heißt: „es steht in der Macht von *X*, die Proposition *B* wahrzumachen".

Man kann jetzt mit Jeffrey sagen, *daß der Begriff der Präferenz und der Präferenzordnung neutral sei in bezug auf die aktiv-passiv-Unterscheidung*[21]. Beide Begriffe können sowohl in bezug auf den aktiven als auch in bezug auf den passiven Aspekt gedeutet werden. Wenn sich ein Handelnder *X* überlegt, ob er die Handlung A_1 oder die Handlung A_2 — deren gleichzeitige Realisierung ausgeschlossen ist, da $A_1 \wedge A_2$ logisch unmöglich ist — wählen soll, so läuft es auf dasselbe hinaus, entweder zu fragen: „zieht *X als neue Nachricht* A_1 gegenüber A_2 vor?" oder: „zieht er *die eine Handlung der anderen Handlung* vor?"; denn *X* selbst ist es, der die eine oder die andere Nachricht wahr macht.

Damit soll keineswegs der Anspruch verknüpft werden, alles Wesentliche über das Verhältnis von ‚Glauben und Handeln' gesagt zu haben. Eine Klärung wird hier nur für die gegenwärtige Aufgabenstellung beansprucht, die durch die Frage nach den Bedingungen rationalen Handelns unter Risiko gesetzt ist. Das Problem als solches ist viel weiter; es betrifft das ganze *Verhältnis von Theorie und Praxis*. Daß dieser Komplex auch weitere wissenschaftstheoretische Dimensionen hat, in denen bisher keine befriedigende Klärung erzielt werden konnte, wird im dritten Teil über das statistische Schließen deutlich werden, insbesondere im Abschnitt 10 über statistische Schätzungen.

7.b Weiterführung der Entscheidungslogik. Bedingte Wahrscheinlichkeiten. Wir haben jetzt im nachhinein das Vorgehen gerechtfertigt, welches wir in Abschnitt 4 antizipierten: Daß es sich bei den numerischen Funktionen *p* und *nu* um Funktionen *von Propositionen* handelt. Von der Klasse der Propositionen setzen wir jetzt wie dort voraus, daß sie einen Körper bilden und den vier Postulaten $\mathbf{P}_1$ bis $\mathbf{P}_4$ genügen. Damit übernehmen wir automatisch auch alle dort angeführten Theoreme.

Wir knüpfen an die Feststellung an, die im Anschluß an $\mathbf{T}_5$ getroffen worden ist: der Nutzen der Tautologie oder sicheren Proposition liegt stets zwischen dem Nutzen einer beliebigen Proposition und deren Negation, sofern diese beiden in der Präferenzordnung nicht dieselbe Stelle einnehmen. Es soll daher festgesetzt werden, daß gilt

($\mathbf{F}_1$) $nu(t) = 0$.

Allgemein werde eine Proposition mit dem *nu*-Wert 0 *neutral* genannt. Eine Proposition mit positivem *nu*-Wert heiße *gut*, eine solche mit negativem *nu*-Wert *schlecht*. Gute Propositionen sind somit solche, die in der Nutzenordnung höher eingestuft werden als die Tautologie, während schlechte solche sind, die niedriger eingestuft werden.

Mit dieser Festsetzung ist die in Abschnitt 6 erwähnte Normierung auf das Intervall von 0 bis 1 preisgegeben. Eine solche Preisgabe wäre auf alle Fälle not-

---

[21] Jeffrey, [Decision], S. 73.

wendig geworden, da wir auch Präferenzordnungen zulassen, die nach der einen oder sogar nach beiden Richtungen hin unbeschränkt sind (so daß es also zu jeder Proposition eine höherwertigere oder eine niedrigerwertigere gibt oder beides).

Die drei Begriffe *gut*, *schlecht* und *neutral* sollen auch mit bezug auf die nichtmetrische Präferenzordnung verwendet werden. Eine Proposition ist gut, schlecht oder neutral, je nachdem ob sie höher, niedriger oder gleich eingestuft wird wie die tautologische Proposition *t*. Aus dem Zusammenhang wird stets klar hervorgehen, ob wir uns bei diesen drei Begriffen auf die quantitative Nutzenordnung oder bloß auf die qualitative Präferenzordnung beziehen.

Die als gegeben vorausgesetzte qualitative Präferenzordnung ist jetzt *eine Ordnung zwischen Propositionen*. Zu diesem Begriff der Präferenzordnung muß eine inhaltliche Erläuterung gegeben werden. Denn manchem werden trotz prinzipieller Zustimmung zu der in 7.a geschilderten Vereinheitlichung Zweifel darüber kommen, was es denn eigentlich bedeutet zu sagen, daß eine Proposition in der Rangordnung der Propositionen höher bewertet werde als eine andere oder daß ihr subjektiver Nutzen größer sei als der der anderen. Eine mögliche Antwort darauf ist von SAVAGE gegeben worden: Daß ein Handelnder die Proposition *B* der Proposition *C* vorzieht, kann danach so interpretiert werden, *daß er die Nachricht über die Wahrheit von B mehr begrüßen würde als die Nachricht über die Wahrheit von C*. Wenn man diese Erläuterung akzeptiert, so kann man sofort einige weitere Feststellungen treffen:

(1) Die obige Normierung $nu(t) = 0$ ist sinnvoll. Einem Handelnden die tautologische Proposition mitzuteilen, bedeutet dasselbe wie ihm überhaupt keine Information zu geben. Der Nutzen der leeren Information wird danach am zweckmäßigsten gleich 0 gesetzt.

(2) Daß eine Proposition *B* der Tautologie vorgezogen wird, kann folgendermaßen gedeutet werden: Die Nachricht, daß *B* wahr sei, ist besser als das Unterbleiben jeder Nachricht. Oder anders formuliert: *Im Vergleich zur Nachricht, daß B wahr sei, ist keine Nachricht eine schlechte Nachricht.* Analog: Daß die Tautologie einer Proposition *C* vorgezogen wird, besagt, *daß das Fehlen jeder Nachricht eine bessere Nachricht ist als die, daß C wahr sei.*

(3) Die logisch unmögliche Proposition kommt in der Präferenzordnung nicht vor. Man kann niemanden fragen, ob er die Nachricht von der Wahrheit der logisch falschen Proposition begrüßen würde; denn eine solche Nachricht kann es nicht geben. Wir machen dies in der folgenden Festsetzung explizit:

(F_2)   *Zur Präferenzordnung eines Handelnden sind alle Propositionen zu rechnen, mit Ausnahme der logisch unmöglichen Proposition f.*

Vollständigkeitshalber geben wir auch die *explizite axiomatische Charakterisierung der Präferenzordnung* als einer einfachen Ordnung, die mit den entsprechenden Bestimmungen in Abschnitt 3 im Einklang steht. Für die Präferenzrelation verwenden wir wieder das Symbol „$\leqq$". $A \leqq B$ besagt, *daß die Proposition B mindestens ebenso hoch bewertet wird wie die Proposition A.*

A₁ *(Vergleichbarkeitsaxiom)*   *Für je 2 beliebige Propositionen A und B gilt:*
$A \leqq B$ *oder* $B \leqq A$.

A₂ *(Transitivitätsaxiom)*   *Für drei beliebige Propositionen A, B und C gilt:*
wenn $A \leqq B$ *und* $B \leqq C$, *dann* $A \leqq C$.

Wir sagen, daß eine vorgegebene Präferenzrelation $\leqq$ eine *Präferenzordnung* sei, wenn sie die beiden Axiome **A₁** und **A₂** erfüllt.

Die entsprechende Gleichheits- sowie die Kleiner-Relation lassen sich jetzt durch Definition einführen:

D₁ $A \sim B$ gdw $A \leqq B$ und $B \leqq A$.

D₂ $A < B$ gdw $A \leqq B$ und nicht $B \leqq A$.

„$A \sim B$" drücken wir aus durch: „A wird gleich hoch bewertet wie B" oder kürzer durch „A ist *gleichrangig mit* B"; „$A < B$" geben wir umgangssprachlich wieder durch: „B wird A *vorgezogen*" (oder: „B wird höher bewertet als A" oder: „A wird niedriger bewertet als B"). Bei Benützung dieser Wendungen darf nicht vergessen werden, daß sie sich bloß auf die qualitative Präferenzordnung[22] beziehen, nicht jedoch auf die quantitative Nutzenordnung mittels der Funktion *nu*. Die Existenz einer numerischen Funktion *nu*, welche die einfache Präferenzordnung im Zahlenbereich ordnungstreu (mit der Relation $\leqq$ zwischen Zahlen) widerspiegeln soll, wird hier überhaupt nicht vorausgesetzt.

Die *Antisymmetrie* von $\leqq$ bezüglich $\sim$ ist eine Konsequenz der Definition von „$\sim$", d.h. aus $A \leqq B$ und $B \leqq A$ folgt $A \sim B$. Dies rechtfertigt es, eine die beiden Axiome erfüllende Präferenzrelation eine *einfache* (oder *totale*) *Ordnung* zu nennen. (Würden hingegen nur die beiden Axiome, nicht jedoch das Prinzip der Antisymmetrie gelten, so läge bloß eine *schwache Ordnung* vor.)

Mit der Verwendung der *beiden* Ausdrücke „Axiom" und „Postulat" verfolgen wir nur mnemotechnische Zwecke; es liegt kein inhaltlicher Hintergedanke vor. Während für die qualitative Präferenzordnung zwei *Axiome* gelten, wird von den beiden numerischen Funktionen *p* und *nu* verlangt, daß sie vier *Postulate* erfüllen. Die Postulate beziehen sich also auf zwei metrische Größen, die Axiome auf eine nichtmetrische Ordnung.

---

[22] Um in Lesern von Bd. II, Kap. I keine begriffliche Verwirrung hervorzurufen, sei ausdrücklich betont, daß im Sinn der dortigen Terminologie durch die Präferenzrelation $\leqq$ ein *komparativer* Begriff festgelegt wird. Der Ausdruck „qualitative Ordnung" hat sich eingebürgert; an sich wäre „komparative Ordnung" vorzuziehen.

In Abschnitt 6 sind wir auf die wechselseitigen Abhängigkeiten zwischen Nutzenordnungen und Wahrscheinlichkeitsbewertungen zu sprechen gekommen. Die Frage nach solchen Abhängigkeiten wurde dort auf rein intuitiver Grundlage erörtert. Wir können sie jetzt erneut in präziserer Form stellen, wobei wir die vereinheitlichte Theorie von JEFFREY mit den Propositionen als einzigen Entitäten und den vier Postulaten zugrundelegen.

Wir gehen zunächst auf T_5 zurück (welches, woran hier erinnert sei, auf P_4 beruhte) und ersetzen darin gemäß T_1 die Wahrscheinlichkeit $p(\neg X)$ durch $(1 - p(X))$. Auf diese Weise erhalten wir:

$$nu(t) = nu(X)\,p(X) - nu(\neg X)\,p(X) + nu(\neg X).$$

Falls $nu(X) - nu(\neg X)$ von 0 verschieden ist, können wir diese Gleichung nach $p(X)$ auflösen und erhalten somit *eine Zurückführung von Wahrscheinlichkeiten auf Nützlichkeiten*, die wir in einem eigenen Theorem festhalten wollen:

T_6 (a)   *Falls $nu(X) \neq nu(\neg X)$, dann gilt*:

$$p(X) = \frac{nu(t) - nu(\neg X)}{nu(X) - nu(\neg X)}.$$

Wenn wir die Normierungsfestsetzung (F_1) hinzunehmen, so vereinfacht sich diese Gleichung weiter (wobei wir noch Zähler und Nenner durch den im Zähler verbleibenden Wert $- nu(\neg X)$ teilen):

(b)   *Unter derselben Voraussetzung wie in* (a) *sowie der Normierung* (F_1) *gilt*:

$$p(X) = \frac{1}{1 - \dfrac{nu(X)}{nu(\neg X)}}.$$

Die Wahrscheinlichkeit einer Proposition ist also eindeutig bestimmt, wenn man ihren Nutzen sowie den Nutzen ihrer Negation kennt.

Hätten wir T_5 unter der Normierungsannahme (F_1) für $nu(\neg X)$ gelöst, so hätten wir erhalten:

T_7 *Unter der Annahme der Normierung* (F_1) *und $p(X) \neq 1$ gilt*:

$$nu(\neg X) = - nu(X)\, \frac{p(X)}{p(\neg X)}.$$

Hier ist die Zurückführung keine totale, sondern nur eine partielle: Die Wünschbarkeit dessen, daß eine Proposition nicht gilt, ist die mit umgekehrtem Vorzeichen genommene Wünschbarkeit des Geltens dieser Proposition, multipliziert mit der Wahrscheinlichkeit des Geltens und dividiert durch die Wahrscheinlichkeit des Nichtgeltens.

Wir führen jetzt den Begriff der *bedingten Wahrscheinlichkeit* ein. Und zwar soll dieser Begriff nicht einfach durch Definition eingeführt werden.

Vielmehr werden wir die Definitionsformel in einfacher Weise im Entscheidungskalkül herleiten.

Es sei A eine Proposition mit $p(A) \neq 0$. B sei eine beliebige andere Proposition. Die Aufgabe bestehe darin, eine einfache Formel für die Wahrscheinlichkeit von B unter der Voraussetzung abzuleiten, daß man die Wahrheit von A erfährt. Wenn p und nu die beiden ursprünglichen (oder *absoluten*) Funktionen für Wahrscheinlichkeit und Nutzen waren, so sollen die neuen Funktionen für Wahrscheinlichkeits- und Nutzenbewertung, nach Wissen um die Wahrheit von A, die *bedingten Funktionen* p^* und nu^* heißen. Für eine beliebige Proposition X gilt: $nu^*(X)$ $= nu(X \wedge A)$. Mit t für X ergibt sich wegen der logischen Äquivalenz von $t \wedge A$ und A: $nu^*(t) = nu(A)$. Unter Verwendung dieses Resultates sowie der Einsetzung von B sowie $\neg B$ für X in der vorigen Formel gewinnt man mittels $\mathbf{T_6}$ (a):

$$(\alpha) \quad p^*(B) = \frac{nu^*(t) - nu^*(\neg B)}{nu^*(B) - nu^*(\neg B)} = \frac{nu(A) - nu(\neg B \wedge A)}{nu(B \wedge A) - nu(\neg B \wedge A)}$$

Hier wurde die bedingte Funktion p^* mittels der absoluten Funktion nu allein ausgedrückt. Durch Umwandlung läßt sich aus der rechten Seite eine Formel gewinnen, in der nur mehr die absolute Wahrscheinlichkeit p vorkommt. Wir knüpfen an die erste Formel im Zähler an und erhalten mit $\mathbf{P_4}$:

$$nu(A) = nu((\neg B \wedge A) \vee (B \wedge A))$$
$$= \frac{nu(\neg B \wedge A)\,p(\neg B \vee A) + nu(B \wedge A)\,p(B \wedge A)}{p(\neg B \wedge A) + p(B \wedge A)}$$

Nach $\mathbf{T_2}$ steht im Nenner der Wert $p(A)$. Nach demselben Theorem kann im Zähler $p(\neg B \wedge A)$ durch $p(A) - p(B \wedge A)$ ersetzt werden. Nach Ausmultiplikation und Kürzung erhält man:

$$nu(A) = nu(\neg B \wedge A) + \frac{p(B \wedge A)\,[nu(B \wedge A) - nu(\neg B \wedge A)]}{p(A)}$$

Wenn man das erste rechte Glied nach links schafft und die ganze Gleichung durch $nu(B \wedge A) - nu(\neg B \wedge A)$ kürzt, so bleibt rechts der Ausdruck $\frac{p(B \wedge A)}{p(A)}$ stehen, während die linke Seite jetzt mit der rechten Seite von (α) übereinstimmt. Wir erhalten somit:

$$(\beta) \quad p^*(B) = \frac{p(B \wedge A)}{p(A)} \cdot$$

Rechts steht die bedingte Wahrscheinlichkeit von B bezüglich A, die abgekürzt durch $p(B, A)$ wiedergegeben wird. Der Inhalt der bewiesenen Formel (β) läßt sich folgendermaßen verdeutlichen: Gegeben sei eine ursprüngliche Wahrscheinlichkeitsbewertung, durch welche die Propositionen A sowie $B \wedge A$ die Werte $p(A)$ und $p(B \wedge A)$ bekommen. *Wenn man erfährt, daß A wahr ist, muß die neue Wahrscheinlichkeitsbewertung $p^*(B)$ den*

Wert $p(B, A) = \dfrac{p(B \wedge A)}{p(A)}$ *erhalten, sofern man nicht gegen die Postulate des rationalen Entscheidungskalküls verstoßen will.*

7.c Die vier Fundamentalbedingungen: die rationale Präferenzbedingung; die Körperbedingung; die Gütebedingung; die Zerlegbarkeitsbedingung. Sowohl bei der Erörterung der Frage, wie man von der (nichtmetrischen) Präferenzordnung (die nur durch die beiden Axiome A_1 und A_2 charakterisiert ist) zu zwei mit dieser Ordnung im Einklang stehenden numerischen Funktionen der Wahrscheinlichkeit p und der Nützlichkeit nu (welche die Postulate P_1 bis P_4 erfüllen müssen) gelangen kann, als auch bei der Behandlung des weiteren Problems, mittels welcher Transformationen zwei verschiedene Paare solcher Funktionen ineinander überführt werden können, werden wiederholt gewisse Bedingungen vorkommen, denen wir die folgenden Namen geben: rationale Präferenzbedingung bezüglich $\leqq$, Körperbedingung, Güte- und Zerlegbarkeitsbedingung.

Wir sagen, daß die Nutzenfunktion nu mit der Präferenzordnung *im Einklang steht*, wenn gilt:

$$nu(A) \leqq nu(B) \text{ gdw } A \leqq B.$$

Mit dieser Bedingung wird nur die Forderung ausgedrückt, daß die Nutzenfunktion die Präferenzordnung im Bereich des Quantitativen widerspiegeln soll: Der Nutzen von B ist genau dann mindestens ebenso hoch wie der von A, wenn B mindestens ebenso hoch bewertet wird wie A. (Man beachte, daß links die $\leqq$-Relation zwischen *Zahlen* steht, rechts hingegen die Präferenzrelation $\leqq$ zwischen *Propositionen*.) Wegen der Tatsache, daß für zwei Zahlen x und y die Aussage „$x = y$" gleichbedeutend ist mit „$x \leqq y$ und $y \leqq x$" und „$x < y$" gleichbedeutend mit „$x \leqq y$ und nicht $y \leqq x$", ergibt sich mittels der obigen Definitionen D_1 und D_2 für eine mit $\leqq$ im Einklang stehende Funktion nu auch:

$$nu(A) = nu(B) \text{ gdw } A \sim B$$

und:

$$nu(A) < nu(B) \text{ gdw } A < B$$

Die Präferenzrelation $\leqq$, welche A_1 und A_2 erfüllt, sei vorgegeben. Wir sagen, *daß zwei Funktionen p und nu die rationale Präferenzbedingung bezüglich $\leqq$ erfüllen,* wenn (1) nu mit der Präferenzrelation $\leqq$ im Einklang steht, (2) p die drei Postulate P_1 bis P_3 erfüllt und (3) die beiden Funktionen p und nu zusammen das Postulat P_4 erfüllen. Kürzer ausgedrückt: *Dafür, daß zwei Funktionen p und nu bezüglich einer vorgegebenen qualitativen (d.h. komparativen) Präferenzordnung die rationale Präferenzbedingung erfüllen, ist es notwendig und hinreichend, daß nu mit der Präferenzordnung im Einklang steht und daß die beiden Funktionen die Postulate des rationalen Entscheidungskalküls erfüllen.*

Durch eine zweite Bedingung soll der Definitionsbereich der beiden Funktionen p und nu sowie der Bereich der Relation $\leqq$ näher beschrieben werden. Wir haben zwar bisher stets davon Gebrauch gemacht, daß es sich bei den Elementen dieser Bereiche um Propositionen handeln müsse; doch wurde dabei auf eine formale Charakterisierung dieser Klasse verzichtet. Dies soll jetzt nachgeholt werden:

(a) Der Definitionsbereich $\mathfrak{A}$ von p bestehe aus einer Klasse von Propositionen, welche in bezug auf die beiden Operationen der Negation und der Konjunktion abgeschlossen ist;

(b) der Definitionsbereich von nu sei identisch mit dem Bereich der Relation $\leqq$. Und zwar soll dies der in (a) erwähnte Bereich $\mathfrak{A}$ nach Wegnahme der unmöglichen Proposition f sein (formal ausgedrückt: dieser Bereich ist identisch mit der Klasse $\mathfrak{A} - \{f\}$.) Diese Zusatzbestimmung in (b) erfolgt deshalb, um mit der Festsetzung ($\mathbf{F_2}$) im Einklang zu bleiben. Da man eine Klasse von der in (a) beschriebenen Art einen Körper nennt, fassen wir die beiden Forderungen zum Begriff der Körperbedingung zusammen. Daß p, nu, $\leqq$ die *Körperbedingung* erfüllen, besagt also, daß die beiden Bestimmungen (a) und (b) gelten.

Da wir den Begriff der Proposition als einen Grundbegriff verwenden, ist es naheliegend, für die Verknüpfungen von Propositionen die üblichen logischen Zeichen zu verwenden. Bei der Schilderung der Theorie Carnap II wird sich dies ändern. Dort gehören die Propositionen nicht zu den Grundbegriffen, sondern werden *als Klassen von Modellen* definiert. Daher werden wir dort mengentheoretische statt logischer Symbole verwenden. Insbesondere wird an die Stelle der Konjunktion der Klassendurchschnitt, an die Stelle der Negation das Klassenkomplement und an die Stelle der Adjunktion die Klassenvereinigung treten. Es würde vermutlich von den meisten Lesern als störend empfunden werden, wenn wir bereits hier die mengentheoretische Symbolik benützten.

Eine dritte Bedingung werde *Gütebedingung* genannt. Sie nimmt auf die bestehende Präferenzordnung $\leqq$ bezug. Es wird darin verlangt, *daß es mindestens eine gute Proposition G gibt, deren Negation $\neg G$ schlecht ist*. Wenn t wieder die Tautologie bedeutet, verlangt also die Gütebedingung die Existenz eines G, für welches gilt: $\neg G < t < G$. Falls außerdem die rationale Präferenzbedingung erfüllt ist und die Normierung ($\mathbf{F_1}$) akzeptiert wird, hat dies die Ungleichungen $nu(\neg G) < 0 < nu(G)$ zur Folge. (Tatsächlich genügt anstelle der ersten Voraussetzung die schwächere Annahme, daß die Nutzenfunktion mit der Präferenzordnung im Einklang steht.) Denn genau die im Sinn der Präferenzordnung neutralen Propositionen X (d.h. genau die Propositionen X mit $X \sim t$) sind dann auch im Sinn der Nutzenordnung neutral (d.h. für sie gilt: $nu(X) = 0$). Eine im Sinn der Präferenzordnung gute bzw. schlechte Proposition muß daher auch im Sinn der quantitativen Nutzenordnung gut bzw. schlecht sein, sofern die Nutzenordnung mit der Präferenzordnung im Einklang steht.

Diese dritte Bedingung schließt den uninteressanten, praktisch nie verwirklichten Grenzfall aus, in welchem eine Person sämtliche Propositionen für wertmäßig ebenso uninteressant hält wie die Tautologie.

Um im folgenden die Normierung (F_1) nicht immer wieder ausdrücklich als Voraussetzung anführen zu müssen, beschließen wir, sie vorläufig in die rationale Präferenzbedingung mit aufzunehmen. Genauer: $nu(t) = 0$ *sei bis einschließlich 7.d ein Bestandteil der rationalen Präferenzbedingung.*

Eine vierte Bedingung, die sich als außerordentlich wichtig erweisen wird, heißt *Zerlegbarkeitsbedingung.* Darin wird verlangt, daß es zu jeder Proposition X des Bereiches der Präferenzrelation $\leqq$, so daß weder X noch $\neg X$ neutral ist, zwei miteinander unverträgliche, gleichrangige Propositionen Y_1 und Y_2 gibt, deren Negationen $\neg Y_1$ und $\neg Y_2$ ebenfalls gleichrangig sind und deren Adjunktion mit X logisch äquivalent ist. Y_1 und Y_2 müssen also den folgenden Bestimmungen genügen:

(z_1) $Y_1 \wedge Y_2$ ist L-äquivalent mit f;

(z_2) $Y_1 \vee Y_2$ ist L-äquivalent mit X;

(z_3) $Y_1 \sim Y_2$;

(z_4) $\neg Y_1 \sim \neg Y_2$.

Die Darstellung von X durch eine logisch äquivalente Proposition, deren zwei Glieder die vier Bedingungen (z_1) bis (z_4) erfüllen, werde eine *adjunktive Zerlegung von X* (oder kurz: *Zerlegung von X*) *in die zwei Glieder Y_1 und Y_2* genannt. Y_1 und Y_2 sind zwei *Glieder einer Zerlegung* von X.

Diese letzte Bedingung erscheint auf den ersten Blick als etwas künstlich. Sie ist jedoch immer erfüllt, sofern das Subjekt der Überzeugung ist, daß es Vorrichtungen gibt, die sich für Zufallsexperimente mit *gleichwahrscheinlichen* und *gleichrangigen* Ausgängen verwenden lassen. Als derartige Vorrichtungen sind unter geeigneten Bedingungen z.B. wählbar: homogene Münzen (Ausgänge eines Wurfes: *Kopf* und *Schrift*); homogene Würfel (Ausgänge eines Wurfes: *gerade Augenzahl* und *ungerade Augenzahl*); normales Kartenspiel (Ausgänge eines Zuges: *rote Karte* und *schwarze Karte*) usw. X sei die Wettervoraussage „morgen wird die Sonne scheinen". Weder diese Voraussage noch ihre Negation sei neutral (d.h. keine dieser beiden Propositionen sei mit der Tautologie gleichrangig). Für unser Subjekt seien die beiden Propositionen „mit diesem Würfel wird eine gerade Augenzahl geworfen" und „mit diesem Würfel wird eine ungerade Augenzahl geworfen" gleichwahrscheinlich. Außerdem seien sie ebenso wie ihre Negationen untereinander gleichrangig. (In den praktischen Fällen wird diese Voraussetzung deshalb erfüllt sein, weil derartige Propositionen und ihre Negationen neutral sind.) Dann kann als Y_1 die Proposition gewählt werden: „morgen wird die Sonne scheinen und eine gerade Augenzahl wird geworfen", und als Y_2 die Proposition: „morgen wird die Sonne scheinen und eine ungerade Augenzahl wird geworfen".

Wie dieses Beispiel zeigt, diente die Voraussetzung der Gleichwahrscheinlichkeit nur der inhaltlichen Erläuterung und dem besseren Verständnis. Sie geht nicht als definitorischer Bestandteil in die Zerlegbarkeitsbedingung ein. Im formalen Aufbau werden wir zeigen können, daß umgekehrt die Gleichwahrscheinlichkeit der obigen Propositionen Y_1 und Y_2 eine Folge der Zerlegbarkeitsbedingung ist.

Wir nennen die vier angeführten Bedingungen *die vier Fundamentalbedingungen.*

7.d Abhängigkeiten der Wahrscheinlichkeitszuordnungen von der Präferenz- und Nutzenordnung.

Wir setzen jetzt stets voraus, daß die vorgegebene Präferenzrelation $\leqq$ eine Präferenzordnung im Sinn von $\mathbf{A}_1$ und $\mathbf{A}_2$ sei und daß ferner zwei Funktionen p und nu eingeführt worden seien, so daß die vier Fundamentalbedingungen von 7.c erfüllt sind: p und nu erfüllen die rationale Präferenzbedingung bezüglich $\leqq$; p, nu und $\leqq$ erfüllen die Körperbedingung; ferner sei auch die Gütebedingung sowie die Zerlegbarkeitsbedingung erfüllt. Wir beweisen einige einfache Hilfssätze:

HS₁ *Für eine nichtneutrale Proposition A, deren Negation neutral ist[23], gilt:*
$p(A) = 0.$

Beweis. Die Voraussetzung $nu(A) \neq 0$ sei erfüllt. Infolge der Geltung der Normierung $(\mathbf{F}_1)$ und von $\mathbf{T}_5$ (Abschnitt 4) erhalten wir:

(*) $0 = nu(A)\,p(A) + nu(\neg A)\,p(\neg A).$

Die Neutralitätsbedingung besagt: $nu(\neg A) = 0$. Da $nu(A) \neq 0$, kann man durch diesen Wert kürzen und erhält: $0 = p(A)$.

Man erkennt leicht, daß für eine nichtneutrale Proposition A der Schluß umkehrbar ist, d.h. daß man aus $p(A) = 0$ auf die Neutralität von $\neg A$ schließen kann. Wegen $nu(t) = 0$ können wir abermals von (*) ausgehen und leiten aus $p(A) = 0$ ab: $nu(\neg A)\,p(\neg A) = 0$. Da $p(\neg A) = 1$ ($\mathbf{T}_1$), kann durch diesen Ausdruck gekürzt werden. Damit ist der folgende Satz bereits bewiesen:

HS₂ *Für eine nichtneutrale Proposition A gilt: wenn $p(A) = 0$, dann ist $\neg A$ neutral.*

Dieser Hilfssatz gilt auch nach Vertauschung von A mit $\neg A$. Aus diesen beiden Sätzen folgt dann durch bloße Umformung eine Aussage, die wir für spätere Anwendungen ebenfalls ausdrücklich festhalten wollen:

---

[23] Wegen der vorausgesetzten Erfüllung der rationalen Präferenzbedingung macht es nichts aus, ob wir darunter die Neutralität in bezug auf die Präferenzordnung (also $A \sim t$) oder die Neutralität in bezug auf die Nutzenordnung (also $nu(A) = 0$) verstehen. Im Beweis werden wir hier und später von der zweiten Fassung Gebrauch machen.

HS$_3$ *Wenn weder A noch $\neg A$ neutral ist, so ist sowohl $p(A) \neq 0$ als auch*
       $p(\neg A) \neq 0$.

Dieser Hilfssatz hat insbesondere zur Folge, *daß die gute Proposition G,*
deren Existenz durch die Gütebedingung postuliert wird, *nicht die Wahrschein-*
lichkeit 0 hat und daß auch ihre Negation $\neg G$ nicht die Wahrscheinlichkeit 0 besitzt.

Für viele Zwecke ist es empfehlenswert, eine auf $<$ und $\backsim$ beruhende
komparative Ordnung graphisch zu veranschaulichen: Gilt $B < C$, so wird
C oberhalb von B eingetragen; gilt $B \backsim C$, so schreiben wir sie neben-
einander. Kommt in einem graphischen Schema außerdem die Tautologie t
vor, so sind die guten Propositionen jene, welche oberhalb von t eingetragen wurden, die schlechten dagegen jene, die unterhalb zu sehen sind;
außerdem angeführte neutrale Propositionen befinden sich neben t in derselben Zeile (durch t geht die ‚Neutralitätslinie‘, welcher der *nu*-Wert 0
entspricht). Die zwei Fälle, auf welche sich die ersten beiden Hilfssätze bezogen, sehen dann folgendermaßen aus:

$$A \qquad \neg A, t \dots \dots 0$$
$$0 \dots \dots \neg A, t \qquad A$$

In einfachen Fällen wie diesen beiden ist eine derartige Veranschaulichung kaum eine Hilfe. Dies ändert sich jedoch, sobald die Zahl der Fall-
unterscheidungen größer geworden ist. Der folgende Hilfssatz wird dafür
eine gute Illustration bieten.

HS$_4$ *Wenn zwei Propositionen A und B gleichrangig, jedoch nicht neutral sind*
       (also nicht gleichrangig mit t), so ist die wahrscheinlichere Proposition
       genau diejenige, deren Negation in der Präferenzordnung weiter von t
       entfernt ist. Sind auch die Negationen gleichrangig, so liegt Gleichwahr-
       scheinlichkeit vor.

(Daß Y in der Präferenzordnung weiter von t entfernt ist als X heißt dabei,
daß entweder $t < X < Y$ oder $Y < X < t$ gilt.)

Beweis. Unter Benützung der eben beschriebenen Veranschaulichung
haben wir fünf Fälle zu unterscheiden[24]:

(a)	(b)	(c)	(d)	(e)
A, B	A, B	$\neg B$	$\neg A$	A, B
		$\neg A$	$\neg B$	
t	t	t	t	t
$\neg A$	$\neg B$			$\neg A, \neg B$
$\neg B$	$\neg A$	A, B	A, B	

[24] Weitere Fälle in denen die Rollen von A, B einerseits und $\neg A, \neg B$ andererseits gegenüber den Fällen (a) bis (e) vertauscht sind, können in den letzteren ein-
geschlossen gedacht werden, da sie vollkommen analog zu behandeln sind.

(Der Leser schreibe zur Übung die Fälle mittels „$<$" und „$\sim$" an, um den Gewinn an Übersichtlichkeit prüfen zu können.)

Wir knüpfen an T_6 (a) an und berücksichtigen dabei, daß wegen der vorausgesetzten Gültigkeit der rationalen Präferenzbedingung die beiden Äquivalenzen benützt werden dürfen:

(α) $X < Y$ gdw $nu(X) < nu(Y)$

(β) $X \sim Y$ gdw $nu(X) = nu(Y)$.

Im Fall (α) nennen wir die Differenz zwischen den beiden rechten Werten das *Nutzenintervall* zwischen X und Y.

Die zweite Hälfte des Hilfssatzes ergibt sich jetzt sofort aus dem erwähnten Theorem; denn in:

(γ) $p(X) = \dfrac{\text{Nutzenintervall zwischen } t \text{ und} \neg X}{\text{Nutzenintervall zwischen } X \text{ und} \neg X}$

muß im Zähler und Nenner dasselbe herauskommen, wenn man zunächst A und dann B für X einsetzt (denn hier geht es ja nur um den fünften Fall (e), in welchem einerseits A und B, andererseits $\neg A$ und $\neg B$ gleichrangig sind). Also gilt: $p(A) = p(B)$.

Wenn man die Fälle (a) und (b) betrachtet und in (γ) einmal A und einmal B einsetzt, so ist in (a) der Bruch, den man für A erhält, kleiner als der für B gewonnene Bruch; in (b) verhält es sich umgekehrt.

Das folgt diesmal aus der folgenden einfachen arithmetischen Überlegung: Wenn für zwei positive Zahlen x und y gilt, daß $x < y$, dann gilt für ein positives n auch, daß $\dfrac{x}{y} < \dfrac{x+n}{y+n}$; denn aus der ersten Ungleichung folgt: $xn < yn$ also auch:

$$x(y + n) = xy + xn < xy + yn = y(x + n).$$

Nach Voraussetzung kann man durch y sowie durch $y + n$ beiderseitig dividieren, wodurch man die gewünschte Ungleichung erhält.

Für die Anwendung auf den gegenwärtigen Fall (a) wähle man:

$x = nu(t) - nu(\neg A)$, $y = nu(A) - nu(\neg A)$ und $n = nu(\neg A) - nu(\neg B)$

und beachte die Geltung von $nu(A) = nu(B)$.

Den Fall (b) erhält man daraus durch Vertauschung von A und B in x, y und n.

Die Fälle (c) und (d) sind genauso zu behandeln, wobei n in (c) wie in (a) und in (d) wie in (b) zu wählen ist. Man hat nur zusätzlich zu berücksichtigen, daß jedesmal sowohl im Zähler als auch im Nenner negative Zahlen stehen, wodurch sich die negativen Vorzeichen wegheben. Insgesamt gewinnen wir durch Einsetzung in (γ) die vier Aussagen:

Fall (a): $p(A) < p(B)$

Fall (b): $p(B) < p(A)$

Fall (c): $p(A) < p(B)$

Fall (d): $p(B) < p(A)$

Damit ist auch die erste Hälfte bewiesen; denn die Fälle (*a*) bis (*d*) erschöpfen alle noch verbliebenen Möglichkeiten von zwei gleichrangigen Propositionen *A* und *B*.

Von der Zerlegbarkeitsbedingung ist bisher noch kein Gebrauch gemacht worden. Im nächsten Hilfssatz wird dagegen eine Folgerung dieser Bedingung angegeben. (Selbstverständlich aber wird auch diesmal zusätzlich die Erfüllung der übrigen Fundamentalbedingungen vorausgesetzt.)

HS₅ *Die Proposition* A *gehöre zum Bereich von* $\leqq$ *(sei also nicht logisch unmöglich); weder* A *noch* $\neg A$ *sei neutral.* B_1 *und* B_2 *seien zwei Glieder einer Zerlegung von* A. *Dann gilt:*

(a) $p(B_1) = p(B_2) = \dfrac{1}{2}\, p(A)$;

(b) $nu(B_1) = nu(B_2) = nu(A)$.

Beweis. Wegen der Voraussetzungen ist die Zerlegbarkeit von A und damit die Existenz von B_1 und B_2 gewährleistet. Nach **HS₃** ist sowohl $p(A)$ als auch $p(\neg A)$ von 0 verschieden. Wegen der Teile (z_1) und (z_2) der Zerlegbarkeitsbedingung und **P₃** gilt:

(*) $\quad p(A) = p(B_1) + p(B_2) > 0.$

Mit Hilfe von **P₄** erhält man, da man wegen (z_3) $nu(B_1) = nu(B_2)$ setzen kann: $nu(A) = nu(B_1 \vee B_2) = \dfrac{nu(B_1)\,(p(B_1) + p(B_2))}{p(B_1) + p(B_2)} = nu(B_1)$.

Der letzte Schritt ist dadurch gewährleistet, daß der Nenner von 0 verschieden ist und sich daher mit dem gleichen Faktor im Zähler wegkürzt. Damit ist (**b**) bereits bewiesen.

Wegen der Gleichrangigkeit mit A ist weder B_1 noch B_2 neutral. Nach (z_4) und **HS₄** liegt somit Gleichwahrscheinlichkeit vor. Die Gleichung (*) liefert daher für diese Propositionen die Hälfte der Wahrscheinlichkeit von A. Damit ist auch Teil (**a**) bewiesen.

Das in diesem letzten Hilfssatz ausgedrückte Zwischenergebnis gestattet es also, von der Wahrscheinlichkeit und dem Nutzen einer zerlegbaren Proposition auf die Wahrscheinlichkeit und den Nutzen der Zerlegungsglieder zu schließen: *der Nutzen ist genau derselbe und die Wahrscheinlichkeit ist halb so groß.* Dieses Resultat wird sich als sehr wichtig erweisen, vor allem deshalb, weil man das Zerlegungsverfahren beliebig oft wiederholen kann und dadurch die Erkenntnis gewinnt, daß jede gute oder schlechte Proposition X für eine beliebige natürliche Zahl n in 2^n gleichwahrscheinliche Glieder zerlegt werden kann, wobei die Wahrscheinlichkeit jedes Gliedes $1/2^n$-mal die Wahrscheinlichkeit der gegebenen Proposition X ist und alle Glieder untereinander und mit X dieselbe Stelle in der Präferenzordnung einnehmen. Wir wollen diesen Sachverhalt in präzisierter Gestalt in einem eigenen Hilfssatz festhalten:

HS$_6$ *Jede Proposition A, welche die ersten beiden Voraussetzungen von* **HS$_5$** *erfüllt, ist für eine beliebige natürliche Zahl n in 2^n Propositionen $B_1, \ldots, B_{2^n}$ zerlegbar, so daß die analogen Behauptungen von* **HS$_5$** *gelten, d. h. genauer:*

(1) $B_i \wedge B_j$ *ist L-äquivalent mit f für $1 \leqq i, j \leqq 2^n$ und $i \neq j$;*

(2) A *ist L-äquivalent mit $B_1 \vee B_2 \vee \cdots \vee B_{2^n}$;*

(3) $B_i \dot{\sim} B_j$ *für $1 \leqq i, j \leqq 2^n$;*

(4) $\neg B_i \dot{\sim} \neg B_j$ *für $1 \leqq i, j \leqq 2^n$;*

(5) $p(B_1) = p(B_2) = \cdots = p(B_{2^n}) = p(A)/2^n$;*

(6) $nu(B_1) = nu(B_2) = \cdots = nu(B_{2^n}) = nu(A)$.

Beweis durch Induktion nach n: Für $n = 1$ ist dies gerade der Inhalt von **HS$_5$**. Es braucht also nur der Induktionsschritt bewiesen zu werden. A erfülle die beiden Voraussetzungen dieses Hilfssatzes. A ist dann in zwei Glieder C_1 und C_2 zerlegbar, welche die Bedingungen von (a) und (b) von **HS$_5$** erfüllen (mit C_i statt B_i). C_1 und C_2 erfüllen ihrerseits auch die Voraussetzungen dieses Hilfssatzes. Erstens sind sie nämlich nicht neutral (denn wegen (b) sind sie ranggleich mit dem nichtneutralen A). Da $p(A) \neq 0$, sind zweitens wegen (a) ihre beiden Wahrscheinlichkeiten ebenfalls von 0 verschieden. Drittens kann daher weder $\neg C_1$ noch $\neg C_2$ neutral sein, da sonst wegen **HS$_1$** die Wahrscheinlichkeit von C_1 bzw. von C_2 0 sein müßte. Die Induktionsvoraussetzung ist also erfüllt und wir erhalten $2 \cdot 2^n$ Propositionen B_j^k ($k = 1, 2; j = 1, \ldots, 2^n$), so daß die Propositionen B_j^1 in bezug auf C_1 und die Propositionen B_j^2 in bezug auf C_2 die obigen Bedingungen (1) bis (6) erfüllen (mit C_1 bzw. C_2 statt A).

Jetzt gehen wir wieder zur Proposition A zurück. Für B_j^k ($k = 1, 2; j = 1, \ldots, 2^n$) schreiben wir B_i mit $i = j + 2^{(k-1)n}$ (also $i = 1, \ldots, 2^{n+1}$). Da $p(C_k) = 1/2\, p(A)$ (für $k = 1, 2$), gilt wegen des eben erhaltenen Resultates: $p(B_i) = 1/2^n p(C_k) = 1/2^{n+1} p(A)$ ($i = 1, \ldots, 2^{n+1}$). Analog ergibt sich aus der Gleichheit der Nutzwerte von A und C_k einerseits, C_k und B_j^k andererseits ($k = 1, 2; j = 1, \ldots, 2^n$), daß für alle $i = 1, \ldots, 2^{n+1}$ $nu(B_i) = nu(A)$. (5) und (6) und damit auch (3) sind also verifiziert. Analog ergibt sich durch Hintereinanderschaltung der beiden logischen Äquivalenzen — nämlich von A mit $C_1 \vee C_2$ und von jedem C_k mit einer Adjunktion von 2^n Gliedern B_j^k —, daß A mit $B_1 \vee B_2 \vee \cdots \vee B_{2^{n+1}}$ L-äquivalent ist, also die Gültigkeit von (2). Die Gültigkeit von (4) folgt nach **HS$_4$** aus (5) und (6) (denn die Nichtneutralität überträgt sich wegen (6) von A auf die B_i, so daß Nichtgleichrangigkeit eines $\neg B_i$ mit einem $\neg B_j$ für $1 \leqq i, j \leqq 2^{n+1}$ unvereinbar wäre mit der wegen (5) geltenden Gleichwahrscheinlichkeit und der wegen (3) geltenden Gleichrangigkeit aller B_i). Daß schließlich die Unverträglichkeitsbedingungen erfüllt sind, ergibt sich daraus, daß nach Induktionsvoraussetzung verschiedene B_i^1 untereinander und verschiedene B_i^2 untereinander logisch unverträglich (im Sinn von (z_1)) sind, ebenso daß C_1 und C_2 als Zerlegungsglieder von A miteinander logisch unverträglich sind. (Aus der logischen Unverträglichkeit von C_1 mit C_2 folgt die logische Unverträglichkeit von C_1 mit jeder gegenüber C_2 stärkeren Proposition B_j^2 und analog die logische Unverträglichkeit eines B_j^1 mit B_j^2 usw.). Damit ist der Induktionsschritt bewiesen.

Wir haben uns jetzt davon überzeugt, daß das Zerlegungsverfahren tatsächlich unbegrenzt fortsetzbar ist. Daß man mittels dieses Resultates zu einem Vergleich der Wahrscheinlichkeiten gleichrangiger Propositionen gelangt, soll in zwei Theoremen festgehalten werden. Zunächst verschaffen wir uns einen inhaltlichen Einblick in das Verfahren für den Fall zweier gleichrangiger, nichtneutraler Propositionen.

T_8 *Wenn die vier Fundamentalbedingungen erfüllt sind[25], so sind die Wahrscheinlichkeitsverhältnisse zweier beliebiger gleichrangiger und nichtneutraler Propositionen A_1 und A_2 des Bereiches von $\leqq$ durch die Präferenzordnung festgelegt.*

Beweis. Falls die Negation mindestens einer der beiden Propositionen A_1 und A_2 neutral ist, so ist nach HS_1 ihre Wahrscheinlichkeit gleich 0 und daher kleiner oder gleich der Wahrscheinlichkeit der anderen Proposition (der Gleichheitsfall liegt genau dann vor, wenn auch die Negation der anderen Propositionen neutral ist).

Wir können uns also auf die Fälle beschränken, in denen die Negationen ebenfalls beide nicht neutral sind. Nach HS_3 sind dann alle vier Wahrscheinlichkeiten (der beiden Propositionen und ihrer Negationen) von 0 verschieden. Wir machen jetzt von HS_4 Gebrauch. Sollte auch $\neg A_1$ mit $\neg A_2$ gleichrangig sein, so gilt: $p(A_1) = p(A_2)$, und das Problem ist abermals gelöst.

In den anderen Fällen greifen wir diejenige Proposition heraus, deren Negation weiter von t entfernt ist. Ein solcher typischer Fall wäre z.B.:

$$A_1, A_2$$

$$t$$

$$\neg A_1$$

$$\neg A_2$$

Wir betrachten dann den Bruch $\dfrac{p(A_1)}{p(A_2)}$. Es gilt:

(*) $$0 < \frac{p(A_1)}{p(A_2)} < 1.$$

---

[25] Dies sind, um nochmals daran zu erinnern, die rationale Präferenzbedingung, die Körperbedingung, die Gütebedingung und die Zerlegbarkeitsbedingung.

Daß auch die zweite Ungleichung gilt, folgt aus $\mathbf{HS_4}$; denn wir setzen voraus, daß die durch das obige Schema symbolisierte Situation gegeben sei. Mittels $\mathbf{HS_6}$ können wir jetzt erreichen, daß dieses Wahrscheinlichkeitsverhältnis beliebig genau bestimmt wird. Soll z.B. das Verhältnis innerhalb eines rationalen Betrages $\pm\, \varepsilon$ (z.B. $\pm\, 1/1000$) bestimmt werden, so wähle man n so groß, daß $1/2^n < |\varepsilon|$, und splittere A_2 in $B_1^2, \ldots, B_{2^n}^2$ Propositionen auf. Wegen des speziellen Additionsprinzips (das infolge der wechselseitigen logischen Unverträglichkeit dieser Propositionen anwendbar ist), gilt für eine beliebige Zahl k mit $1 \leqq k \leqq 2^n$: $p(B_1^2 \vee \cdots \vee B_k^2) = k/2^n\, p(A_2)$. Je größer die Anzahl der Adjunktionsglieder, desto größer die Wahrscheinlichkeit der Adjunktion. Nach $\mathbf{HS_4}$ müssen also die Negationen dieser 2^n verschiedenen Adjunktionen mit zunehmender Länge immer weiter von t entfernt sein. Angenommen, $\neg A_1$ kommt in der Präferenzordnung zwischen den beiden negierten Adjunktionen von der Länge k und von der Länge $k+1$ zu liegen, schematisch also:

$$\neg(B_1^2 \vee \cdots \vee B_k^2)$$
$$\neg A_1$$
$$\neg(B_1^2 \vee \cdots \vee B_{k+1}^2)$$

Dann ist A_1 (wieder nach $\mathbf{HS_4}$) wahrscheinlicher als $B_1^2 \vee \cdots \vee B_k^2$, jedoch weniger wahrscheinlich als $(B_1^2 \vee \cdots \vee B_{k+1}^2)$, also:

$$\frac{k}{2^n}p(A_2) < p(A_1) < \frac{k+1}{2^n}p(A_2) \text{ oder: } k/2^n < \frac{p(A_1)}{p(A_2)} < (k+1)/2^n$$

Das gewonnene Intervall hat den gewünschten vorgegebenen Genauigkeitsspielraum[26]. Wir können also das Wahrscheinlichkeitsverhältnis mit beliebiger Genauigkeit bestimmen. (Daß ein eindeutig bestimmter Wahrscheinlichkeitswert existiert, folgt daraus, daß man nach diesem Schema eine monoton wachsende und nach oben beschränkte Folge erzeugen kann, die einen eindeutig bestimmten Grenzwert hat.) Damit ist das Theorem bewiesen.

Der Beweis läßt sich für den Fall neutraler Propositionen nicht parallelisieren, da das Zerlegungsverfahren nur auf nichtneutrale Propositionen anwendbar ist. Trotzdem kann man hier sogar zu einem noch weiter führenden Resultat gelangen, nämlich zu einer Bestimmung der *Wahrscheinlichkeiten* (und nicht nur wie in $\mathbf{T_8}$ die Wahrscheinlichkeits*verhältnisse*) durch die Präferenzordnung. Dazu muß das Zerlegungsverfahren indirekt angewendet werden. Dies gelingt unter wesentlicher Heranziehung der Gütebedingung. Da das Verfahren diesmal etwas kompliziert ist, greifen wir zunächst einen Spezialfall heraus und beweisen im folgenden Hilfssatz das Resultat nur für diesen. Der dabei benützte gedankliche Kunstgriff läuft auf

---

[26] Für die Berechnung eines konkreten Beispiels vgl. Jeffrey, [Decision]. S. 108.

die folgende Idee hinaus: Das Zerlegungsverfahren wird auf die gute Proposition G und ihre Negation $\neg G$ (die ja ebenfalls nicht neutral ist) gleich oft angewendet. Die vorgegebene neutrale Proposition wird durch eine mit ihr L-äquivalente Adjunktion, bestehend aus einer Anzahl von Zerlegungsgliedern von G sowie einer gleich großen Anzahl von Zerlegungsgliedern $\neg G$, dargestellt. Da die Wahrscheinlichkeit jeder Teiladjunktion, bestehend aus einem Zerlegungsglied von G und einem entsprechenden Zerlegungsglied von $\neg G$, leicht ermittelt werden kann, läßt sich auch die Wahrscheinlichkeit der vorgegebenen neutralen Proposition bestimmen. In T_9 werden wir uns von der hier gemachten speziellen Voraussetzung wieder befreien.

HS$_7$ *Die vier Fundamentalbedingungen mögen gelten. G sei die in der Gütebedingung geforderte gute Proposition[27]. A sei eine neutrale Proposition, welche logisch äquivalent ist mit einer Adjunktion, bestehend aus k Gliedern, und zwar einer gleichgroßen Anzahl k/2 von Zerlegungsgliedern von G und von Zerlegungsgliedern von $\neg$ G. Dann ist die Wahrscheinlichkeit von A eindeutig bestimmt und kann mit beliebiger Genauigkeit ermittelt werden.*

Beweis. Da nach der Gütebedingung weder G noch $\neg G$ neutral ist, sind die Voraussetzungen für eine adjunktive Zerlegung erfüllt. Nach **HS$_6$** kann für jede Zahl n sowohl G als auch $\neg G$ in 2^n Propositionen adjunktiv zerlegt werden. n sei so gewählt, daß gilt: $k < 2^n$, wobei k die in der Voraussetzung unseres Hilfssatzes genannte Zahl sei. Wenn wir der Anschaulichkeit halber die Zerlegungsglieder von G mit $(+\,G)_i$ und die von $\neg G$ mit $(-\,G)_i$ (in beliebiger Numerierung) bezeichnen[28], so erhalten wir:

(a) G ist L-äquivalent mit $(+\,G)_1 \vee \cdots \vee (+\,G)_{2^n}$,

    $\neg G$ ist L-äquivalent mit $(-\,G)_1 \vee \cdots \vee (-\,G)_{2^n}$.

Analog gelten die übrigen fünf Teilbehauptungen von **HS$_6$**, also insbesondere:

(b) $p((+\,G)_i) = 1/2^n\, p(G)$ für alle $i = 1, \ldots, 2^n$;

    $p((-\,G)_i) = 1/2^n\, p(\neg G)$ für alle $i = 1, \ldots, 2^n$;

und die relevanten Teile der Präferenzordnung können folgendermaßen veranschaulicht werden:

(c) $G, (+\,G)_1, \ldots, (+\,G)_{2^n}$

        t

    $\neg G, (-\,G)_1, \ldots, (-\,G)_{2^n}$.

---

[27] Im folgenden soll G stets die gute Proposition bedeuten.

[28] Die Glieder der Gestalt $(+\,G)_i$ werden wir auch die *Plusglieder* und die Glieder von der Gestalt $(-\,G)_i$ die *Minusglieder* nennen.

Wir definieren jetzt 2^n Propositionen N_i (der Buchstabe „N" soll daran erinnern, daß es sich um *neutrale* Propositionen handelt):

$$N_i = (+\ G)_i \vee (-\ G)_i \text{ für } i = 1, \ldots, 2^n.$$

Wir zeigen, daß diese Propositionen die folgenden vier Eigenschaften haben:

(1) *Jedes N_i ist neutral.* Für die Bestimmung von $nu(N_i) = nu((+\ G)_i \vee (-\ G)_i)$ kann bei der Berechnung nach $\mathbf{P_4}$ im Zähler und Nenner wegen (*b*) der Wert $p((+\ G)_i)$ durch $p(G)$ und der Wert $p((-\ G)_i)$ durch $p(\neg G)$ ersetzt werden; denn der Faktor $1/2^n$ hebt sich fort. Wegen der Ranggleichheiten (*c*) kann man analog $nu(G)$ bzw. $nu(\neg G)$ für den Nutzwert des Plusgliedes bzw. des Minusgliedes substituieren. Man erhält dadurch denselben Wert wie für $nu(G \vee \neg G) = nu(t) = 0$.

(2) *Für verschiedene i und j sind N_i und N_j logisch unverträglich.* In der Tat ergibt sich aus $N_i \wedge N_j$ durch Ausmultiplikation eine Adjunktion von kontradiktorischen Gliedern: Die Plusglieder untereinander sowie die Minusglieder untereinander sind nach Voraussetzung miteinander logisch unverträglich (Definition der Zerlegbarkeit). Wegen der logischen Unverträglichkeit von G und $\neg G$ ist aber auch jedes Plusglied mit jedem Minusglied logisch unverträglich.

(3) $N_1 \vee N_2 \vee \cdots \vee N_{2^n}$ *ist tautologisch, d.h. L-äquivalent mit t.* Dies folgt einfach daraus, daß diese Adjunktion *sämtliche* Plus- und Minusglieder enthält: Die Adjunktion der Plusglieder untereinander ist nach Voraussetzung logisch äquivalent mit G, die der Minusglieder untereinander logisch äquivalent mit $\neg G$, das Ganze also logisch äquivalent mit $G \vee \neg G$.

(4) Für beliebige untereinander verschiedene i und j gilt: $p(N_i) = p(N_j)$, d.h. *alle diese Propositionen haben dieselbe Wahrscheinlichkeit.* Denn $p(N_i) = p((+\ G)_i) + p((-\ G)_i)$ (nach $\mathbf{P_3}$, da die beiden Adjunktionsglieder von N_i logisch unverträglich miteinander sind) $= p((+\ G)_j) + p((-\ G)_j)$ (nach (*b*)) $= p(N_j)$.

Wegen $p(t) = 1$ folgt aus (3) und (4), daß für jedes i gilt:

$$p(N_i) = 1/2^n.$$

Jetzt wenden wir die Voraussetzung an, daß A logisch äquivalent ist mit einer Adjunktion von $k/2$ Plus- und $k/2$ Minusgliedern. Da die Numerierung dieser Glieder beliebig ist, können wir voraussetzen, sie sei so erfolgt, daß A logisch äquivalent ist mit $N_1 \vee \cdots \vee N_k$. Wegen (2) und dem soeben gewonnenen p-Wert für die N_i gilt: $p(A) = \sum\limits_{i=1}^{k} p(N_i) = \dfrac{k}{2^n}$.

Damit ist der Hilfssatz bewiesen.

Wir sehen also, daß unter den genannten Bedingungen der Trick zur Bestimmung der Wahrscheinlichkeit neutraler Propositionen sehr einfach ist. Die nun zu überwindende Komplikation entsteht dadurch, daß neutrale

Propositionen gewöhnlich nicht aus gleich vielen Gliedern der Zerlegung von G und der Zerlegung von $\neg G$ adjunktiv ‚zusammengestückelt' werden können.

Zunächst führen wir den Begriff der *Nullproposition* von Jeffrey ein. Darunter soll eine Proposition X des Bereiches von $\leqq$ (also eine nicht logisch unmögliche Proposition) verstanden werden, zu der es eine Proposition Z aus dem Bereich von $\leqq$ gibt, so daß die folgenden drei Bedingungen erfüllt sind:

(*a*) X und Z sind logisch unverträglich miteinander (d.h. $X \wedge Z$ ist L-äquivalent mit f);

(*b*) $X \vee Z \backsim Z$;

(*c*) nicht-($X \backsim Z$).

Das Motiv für die Bezeichnung „Nullproposition" liegt darin, daß diese Propositionen bei Erfüllung unserer Bedingungen genau diejenigen sind, welche die Wahrscheinlichkeit 0 besitzen. Dies soll in einem eigenen Hilfssatz festgehalten werden:

HS$_8$ *Wenn die vier Fundamentalbedingungen erfüllt sind, so ist eine zum Bereich von $\leqq$ gehörende Proposition X eine Nullproposition gdw $p(X)$ = 0.*

Beweis. (1) *Es sei* $p(X) \doteq 0$. Z sei eine Proposition des Definitionsbereiches von $\leqq$, so daß die obigen Definitionsbedingungen (*a*) und (*b*) erfüllt sind. Es gilt dann: $nu(Z) = nu(X \vee Z) = \dfrac{nu(X)\,p(X) + nu(Z)\,p(Z)}{p(X) + p(Z)}$ (nach $\mathbf{P}_4$). Wegen der Voraussetzung ist der Nenner größer als 0. Ausmultiplikation und Kürzung ergibt: $nu(Z)\,p(X) = nu(X)\,p(X)$, woraus man nach nochmaliger Kürzung durch den von 0 verschiedenen Wert $p(X)$ erhält: $nu(Z) = nu(X)$. Dies ist mit (*c*) unvereinbar. Wir haben also gezeigt, daß ein (*a*) und (*b*) erfüllendes Z nicht außerdem (*c*) erfüllen kann, d.h. aber, daß X keine Nullproposition ist.

Durch Kontraposition erhalten wir die eine Hälfte der Behauptung: Wenn X eine Nullproposition darstellt, so ist $p(X) = 0$.

(2) *Es sei nun* $p(X) = 0$ *vorausgesetzt.* Es muß gezeigt werden, daß X eine Nullproposition ist. Dazu müssen wir eine Proposition Z finden, die mit X logisch unverträglich ist und die außerdem die obigen Definitionsbedingungen (*b*) und (*c*) erfüllt. Dies ist genau dann der Fall, wenn die anschaulich geschriebene Rangordnung entweder die Gestalt hat:

$$(\alpha) \qquad \begin{array}{c} X \\ Z, X \vee Z \end{array}$$

oder die Gestalt:

$$(\beta) \qquad \begin{array}{c} Z, X \vee Z \\ X \end{array}$$

Wir behaupten, daß man ein solches Z stets durch geeignete Kombination aus zwei verfügbaren atomaren Komponenten bilden kann: nämlich aus dem vorgegebenen X und der nach der Gütebedingung existierenden guten Proposition G. Eine der beiden Propositionen:

$$\neg X \wedge G \text{ oder } \neg X \wedge \neg G$$

erfüllt nämlich sicher alle Definitionsbedingungen des gesuchten Z.

Die Bedingung (a) ist in jedem Fall erfüllt, da X mit diesen beiden Propositionen logisch unverträglich ist. Wir beweisen nun (c).

Dazu erinnern wir uns daran, daß wegen $\mathbf{HS_3}$ $p(G) \neq 0$ und $p(\neg G) \neq 0$, daß dagegen wegen $p(X) = 0$ gilt: $p(X \wedge G) = 0$ (nach $\mathbf{T_3}$) und $p(\neg X \wedge G) = p(G)$ (nach dem vorigen Resultat und $\mathbf{T_2}$, wenn man dort G für B und X für C einsetzt).

Wir erhalten, wenn wir diese Gleichungen und Ungleichungen nach Bedarf für Kürzungen verwenden:

$$
\begin{aligned}
nu(G) &= nu((X \wedge G) \vee (\neg X \wedge G)) \\
&= \frac{nu(X \wedge G)\, p(X \wedge G) + nu(\neg X \wedge G)\, p(\neg X \wedge G)}{p(X \wedge G) + p(\neg X \wedge G)} \quad \text{(nach } \mathbf{P_4}) \\
&= \frac{nu(\neg X \wedge G)\, p(G)}{p(G)} = nu(\neg X \wedge G) \quad \text{(nach Kürzungen)}.
\end{aligned}
$$

Da aus $p(X) = 0$ aber analog wie oben auch $p(X \wedge \neg G) = 0$ sowie $p(\neg X \wedge \neg G) = p(\neg G)$ folgt, erhalten wir durch ein formal analoges Argument:

$$nu(\neg G) = \frac{nu(\neg X \wedge \neg G)\, p(\neg G)}{p(\neg G)} = nu(\neg X \wedge \neg G).$$

Wegen der Gütebedingung sieht die Rangordnung somit folgendermaßen aus:

$$
(*) \qquad
\begin{array}{c}
G, \neg X \wedge G \\
t \\
\neg G, \neg X \wedge \neg G.
\end{array}
$$

Für die Verifikation der Definitionsbedingung (c) greifen wir auf das Schema dieser Rangordnung (*) zurück. $\neg X \wedge G$ und $\neg X \wedge \neg G$ können danach nicht dieselbe Stelle in der Präferenzordnung einnehmen. Sollte X daher mit einer dieser beiden Propositionen gleichrangig sein, so brauchen wir nur die andere zu wählen, um auch die Erfüllung von (c) zu erhalten.

Wir erkennen leicht, daß auch die Definitionsbedingung (b) stets erfüllt ist, unabhängig davon, ob wir $\neg X \wedge G$ oder $\neg X \wedge \neg G$ als unser Z wählen. Denn unter Benützung desselben Kürzungsverfahrens wie oben erhalten wir:

$$nu(X \vee (\neg X \wedge G)) = \frac{nu(\neg X \wedge G)\, p(G)}{p(G)} = nu(\neg X \wedge G)$$

und analog: $nu(X \vee (\neg X \wedge \neg G)) = nu(\neg X \wedge \neg G)$.

Damit haben wir gezeigt, daß X eine Nullproposition ist. Auch die zweite Hälfte des Hilfssatzes ist somit bewiesen. Gleichzeitig haben wir ein *effektives Verfahren* dafür angegeben, um zu ermitteln, ob ein vorgegebenes X eine Nullproposition ist.

Während dieser letzte Hilfssatz ein Kriterium dafür liefert, daß eine beliebige Proposition der Präferenzordnung die Nullwahrscheinlichkeit besitzt — *gleichgültig, ob sie neutral ist oder nicht* —, soll der nächste Hilfssatz ein Verfahren zum Wahrscheinlichkeitsvergleich zweier beliebiger gleichrangiger Propositionen X und Y zur Verfügung stellen, *gleichgültig, ob diese beiden Propositionen neutral sind oder nicht.* Dabei wird eine Testproposition T benützt. Der nicht ganz übersichtliche Sachverhalt gewinnt dadurch an Anschaulichkeit, daß man sich die Testproposition T als mit einer *Kraft* ausgestattet denkt, die an den Propositionen $X \lor T$ und $Y \lor T$ einen Zug ausübt. Wenn man dann noch, um das Bild vollständig zu machen, die Wahrscheinlichkeit als *Masse* deutet (so daß Propositionen mit geringerer Wahrscheinlichkeit die *leichteren* und Propositionen mit größerer Wahrscheinlichkeit die *schwereren* sind), dann zieht T z.B. die Proposition $X \lor T$ näher an sich heran als $Y \lor T$, wenn X leichter ist als Y (analog in den beiden anderen Fällen).

Wenn der absolute Betrag der Nutzendifferenz zweier Propositionen kleiner ist als der absolute Betrag der Nutzendifferenz zweier anderer, so sagen wir einfachheitshalber, daß die ersten beiden Propositionen *näher beieinander liegen als* die beiden anderen.

HS$_9$ *Die vier Fundamentalbedingungen seien erfüllt. X und Y seien gleichrangig, also $X \sim Y$. T sei eine dritte Proposition für die gilt: (a) T ist keine Nullproposition (also $p(T) \neq 0$); (b) T ist nicht gleichrangig mit X und Y; (c) T ist sowohl mit X als auch mit Y logisch unverträglich*[29]. *Dann gilt:*

(1) *Wenn $X \lor T \sim Y \lor T$, dann $p(X) = p(Y)$;*

(2) *Wenn $X \lor T$ näher bei T liegt als $Y \lor T$, dann $p(X) < p(Y)$;*

(3) *Wenn $Y \lor T$ näher bei T liegt als $X \lor T$, dann $p(X) > p(Y)$.*

Beweis. Es sei $nu(X) = nu(Y) = a$; $nu(T) = c$; $p(X) = p_1$; $p(Y) = p_2$; $p(T) = p_3$. Wenn die Voraussetzungen des Hilfssatzes gelten, so ist $a \neq c$ und $p_3 \neq 0$. Nach $\mathbf{P_4}$ gilt:

$$nu(X \lor T) = \frac{ap_1 + cp_3}{p_1 + p_3} = ag_1 + cg_2$$

und:

$$nu(Y \lor T) = \frac{ap_2 + cp_3}{p_2 + p_3} = ag_3 + cg_4$$

---

[29] Das heißt $T \land X$ sowie $T \land Y$ sind L-äquivalent mit f.

Diese beiden Nutzwerte sind also — da $g_1 + g_2 = 1$ und $g_3 + g_4 = 1$ —
gewogene arithmetische Mittel aus den beiden Nutzwerten a und c. Es gilt:

$$g_1 : g_2 = p_1 : p_3$$

$$g_3 : g_4 = p_2 : p_3$$

(denn die Nenner der Gewichte sind im ersten wie im zweiten Fall identisch
und kürzen sich weg).

Wegen $a \neq c$ und $p_3 > 0$ können wir die folgenden Schlußketten vollziehen:

(1) $nu(X \lor T) = nu(Y \lor T)$ gdw $g_1 : g_2 = g_3 : g_4$ gdw $p_1 : p_3 = p_2 : p_3$
   gdw $p_1 = p_2$;
(2) $nu(X \lor T)$ liegt näher bei c als $nu(Y \lor T)$ gdw $g_1 : g_2 < g_3 : g_4$
   gdw $p_1 : p_3 < p_2 : p_3$ gdw $p_1 < p_2$;
(3) $nu(Y \lor T)$ liegt näher bei c als $nu(X \lor T)$ gdw $g_1 : g_2 > g_3 : g_4$
   gdw $p_1 : p_3 > p_2 : p_3$ gdw $p_1 > p_2$.

Jetzt können wir dazu übergehen, die angekündigte Verallgemeinerung von HS_7 zu formulieren, worin behauptet wird, daß sich bei Vorliegen
der vier Fundamentalbedingungen die Wahrscheinlichkeit jeder neutralen
Proposition mit beliebiger Genauigkeit bestimmen läßt.

T_9 *Wenn die vier Fundamentalbedingungen erfüllt sind, dann ist die Wahr-*
   scheinlichkeit jeder neutralen Proposition eindeutig bestimmt und kann mit
   beliebiger Genauigkeit ermittelt werden.

Beweis. (I) Wir zerlegen den Beweis in zwei Teile. Im ersten Teil wird
die Behauptung des Theorems unter einer zusätzlichen stärkeren Voraussetzung bewiesen. Im zweiten Teil wird gezeigt, wie man sich von dieser
stärkeren Voraussetzung befreien kann. Größerer Übersichtlichkeit halber
halten wir den ersten Teil fest im folgenden

Lemma. *Die vier Fundamentalbedingungen seien erfüllt. X sei eine neutrale*
   Proposition, für welche gilt:
(*a*) $p(X) < 1/2$;
(*b*) *nicht sowohl $nu(\neg X \land G) = 0$ als auch $nu(\neg X \land \neg G) = 0$.*

   Dann ist $p(X)$ eindeutig bestimmt und kann mit beliebiger Genauigkeit
   ermittelt werden.

Zum Beweis des Lemmas wählen wir n zunächst mindestens so groß,
daß $1/2^n < |p(X) - 1/2|$. Wir werden sofort zeigen, daß sich sowohl
$\neg X \land G$ als auch $\neg X \land \neg G$ gemäß HS_6 in 2^n Propositionen zerlegen läßt,
welche dann die sechs Bedingungen von HS_6 erfüllen. Die Zerlegungsglie-
der von $\neg X \land G$ sollen B_i heißen, die von $\neg X \land \neg G$ mögen C_i genannt
werden. Insbesondere gilt für die Wahrscheinlichkeiten:

(*A*) $p(B_i) = 1/2^n \, p(\neg X \land G)$ für $i = 1, \ldots, 2^n$;
   $p(C_i) = 1/2^n \, p(\neg X \land \neg G)$ für $i = 1, \ldots, 2^n$.

Und die Rangverhältnisse sind anschaulich darstellbar durch:

(B) $\neg X \wedge G, B_1, B_2, \dots, B_{2^n}$;

      $\neg X \wedge \neg G, C_1, C_2, \dots, C_{2^n}$.

(Wir halten für später fest, daß je zwei verschiedene der 2^{n+1} Zerlegungsglieder $B_1, \dots, B_{2^n}, C_1, \dots, C_{2^n}$ logisch unverträglich miteinander sind.)

Wir müssen uns allerdings noch dessen vergewissern, daß das Zerlegungsverfahren überhaupt anwendbar ist. Nach der Voraussetzung (b) wird ja nur die Nichtneutralität mindestens einer der beiden Propositionen $\neg X \wedge G$ oder $\neg X \wedge \neg G$, aber nicht beider verlangt. Tatsächlich benötigen wir jedoch die Nichtneutralität beider und ihrer Negationen.

Ohne Einschränkung an Allgemeinheit können wir annehmen, daß $\neg X \wedge G$ nicht neutral ist. (Sollte die Voraussetzung (b) dagegen für $\neg X \wedge \neg G$ zutreffen, so verläuft der Beweis vollkommen parallel). Die Negation davon ist $X \vee \neg G$. Wegen $nu(X) = 0$ gilt nach $\mathbf{P_4}$:

$$nu(X \vee \neg G) = \frac{nu(\neg G)\, p(\neg G)}{p(X) + p(\neg G)}.$$ Da sowohl $nu(\neg G)$ als auch $p(\neg G)$ von 0 verschieden ist (Gütebedingung, $\mathbf{HS_3}$), ist dieser Bruch von 0 verschieden, also auch $X \vee \neg G$ nicht neutral. Damit ist die erste Zerlegung nach $\mathbf{HS_6}$ gewährleistet. Außerdem wissen wir wegen $\mathbf{HS_3}$, daß $p(\neg X \wedge G) \neq 0$.

Wir halten ferner fest:

(1) *$\neg X$ ist neutral.*

Denn nach Voraussetzung ist $nu(X) = 0$, ferner nach (a) $p(\neg X) > 1/2 > 0$ und daher:

$0 = nu(X \vee \neg X) = nu(X)\, p(X) + nu(\neg X)\, p(\neg X)$ (nach $\mathbf{T_5}$) $= nu(\neg X)$.

Jetzt bedenken wir, daß $\neg X$ L-äquivalent ist mit $(\neg X \wedge G) \vee (\neg X \wedge \neg G)$. Wäre $\neg X \wedge \neg G$ neutral, also $nu(\neg X \wedge \neg G) = 0$, so würden wir nach $\mathbf{P_4}$ erhalten:

$$0 = nu(\neg X) = nu((\neg X \wedge G) \vee (\neg X \wedge \neg G)) = \frac{nu(\neg X \wedge G)\, p(\neg X \wedge G)}{p(\neg X)}$$

Dies kann aber nicht sein; denn sämtliche Glieder im Zähler und Nenner sind von 0 verschieden. Also ist auch $nu(\neg X \wedge \neg G) \neq 0$. Schließlich ist auch die Negation von $\neg X \wedge \neg G$, also $X \vee G$, nicht neutral (nach demselben Beweis wie oben, da $nu(G) \neq 0$, $p(G) \neq 0$). Schließlich ist, wieder nach $\mathbf{HS_3}$, $p(\neg X \wedge \neg G) \neq 0$.

Damit ist das Zerlegungsverfahren nachträglich gerechtfertigt. Außerdem haben wir das Zwischenergebnis erhalten: *Wenn eine der beiden Propositionen $\neg X \wedge G$ oder $\neg X \wedge \neg G$ nicht neutral ist, dann ist keine der beiden neutral.* Im Verlauf des Beweises haben wir uns außerdem davon überzeugt, daß nicht nur G, $\neg G$ und $\neg X$ von 0 verschiedene Wahrscheinlichkeiten besitzen, sondern *daß auch die beiden komplexen Aussagen $\neg X \wedge G$ sowie*

$\neg X \wedge \neg G$, die wir in gleichwahrscheinliche Adjunktionsglieder zerlegen, *von 0 verschiedene Wahrscheinlichkeiten haben*. Damit sind alle in (A) angeführten Wahrscheinlichkeiten von 0 verschieden.

Wir verfahren jetzt ähnlich wie im Beweis von $\mathbf{HS_7}$, nur daß wir diesmal sofort die Analoga zu den Adjunktionen der dortigen Formeln N_i rekursiv definieren.

$$N(1) = B_1 \vee C_1;$$

$$N(k+1) = N(k) \vee B_{k+1} \vee C_{k+1}.$$

Durch Induktion nach k läßt sich die folgende Aussage beweisen:

(2) *alle Propositionen $N(k)$ (von $k = 1, \ldots, 2^n$) sind neutral.*

Es genügt, dies für $N(1)$ zu zeigen, da die Begründung des Induktionsschrittes vollkommen analog erfolgt. Es ist nach (A), (B) und $\mathbf{P_4}$:
$nu(N(1)) = nu(B_1 \vee C_1) = nu((\neg X \wedge G) \vee (\neg X \wedge \neg G))$ (denn die Faktoren $1/2^n$ heben sich im Zähler und Nenner fort) $= nu(\neg X \wedge (G \vee \neg G))$ $= nu(\neg X) = 0$ (nach (1)).

(3) $p(N(k)) = \dfrac{k}{2^n} p(\neg X)$, also insbesondere: $p(N(2^n)) = p(\neg X) > 1/2$.

Denn einerseits läßt sich $p(\neg X)$ durch $p((\neg X \wedge G) \vee (\neg X \wedge \neg G))$ $= p(\neg X \wedge G) + p(\neg X \wedge \neg G)$ ausdrücken; andererseits ist:
$p(N(k)) = p(B_1 \vee \cdots \vee B_k) + p(C_1 \vee \cdots \vee C_k) = k/2^n (p(\neg X \wedge G) + p(\neg X \wedge \neg G))$ (nach (A) und dem Additionsprinzip, das wegen der logischen Unverträglichkeit der Glieder anwendbar ist).

Übersichtshalber wollen wir noch das Wahrscheinlichkeitsverhältnis von X und $\neg X$ festhalten:

(4) $p(X) < p(\neg X)$,

ebenso die Gleichrangigkeit von X und aller $N(k)$:

(5) $X, N(1), N(2), \ldots, N(2^n)$.

Um die Wahrscheinlichkeit von X innerhalb eines beliebigen Genauigkeitsspielraums zu bestimmen, machen wir jetzt eine Fallunterscheidung:

1. Fall: X ist eine Nullproposition. Dann ist nach $\mathbf{HS_8}$ $p(X) = 0$ und die Aufgabe ist bereits gelöst.

2. Fall: X ist keine Nullproposition. Dann machen wir hinreichend oft Gebrauch von $\mathbf{HS_9}$ (maximal $(2^n - 1)$-mal), wobei wir als Testproposition T (ein für alle Mal) die Proposition B_{2^n} wählen, unser jetziges X mit dem dortigen X identifizieren und als das dortige Y sukzessive die Propositionen $N(1)$ bis $N(2^n - 1)$ durchlaufen.

Tatsächlich sind die Bedingungen von $\mathbf{HS_9}$ in all diesen Fällen erfüllt: Erstens ist wegen (5) X mit allen $N(k)$ gleichrangig. Zweitens ist B_{2^n} keine Nullproposition (wegen des obigen Zwischenresultates über Wahrscheinlichkeiten, wonach insbesondere $p(B_{2^n}) \neq 0$). Drittens ist diese Proposition mit keiner Proposition der Reihe (5) gleichrangig, da die Glieder von (5) alle neutral sind, für B_{2^n} hingegen wegen (B) gilt: $nu(B_{2^n}) = nu(\neg X \wedge G) \doteq 0$. Viertens ist infolge der logischen Unverträglichkeit von $\neg X \wedge G$ mit X a fortiori die im Vergleich zu $\neg X \wedge G$ stärkere Proposition B_{2^n} mit X logisch unverträglich. Schließlich ist auch fünftens B_{2^n} mit allen B_i für $i \leq 2^n - 1$ und allen C_j mit $j \leq 2^n - 1$ logisch unverträglich, daher auch mit Adjunktionen zwischen ihnen, also insbesondere mit $N(1), N(2), \ldots, N(2^n - 1)$.

Beginnend mit $N(1)$ und von da zu $N(i)$ mit größeren Argumenten i fortfahrend, überprüfen wir nun, welche der drei Alternativen des Hilfssatzes gilt. Wegen (3) und (4) und der Wahl von n muß für ein $k \leq 2^n - 1$ einer der beiden folgenden Fälle eintreten:

(6) $p(X) = p(N(k))$

oder:

(7) $p(N(k-1)) < p(X) < p(N(k))$.

Bei (6) haben wir es mit dem Glücksfall zu tun, daß $p(X)$ mit einer der bereits verfügbaren Wahrscheinlichkeiten genau übereinstimmt. Infolge (3) ergibt sich dann: $p(X) = k/2^n \, p(\neg X)$, was wegen $p(\neg X) = 1 - p(X)$ in die Lösung unserer Aufgabe übergeht:

(8) $p(X) = \dfrac{k}{2^n + k}$.

Im Fall (7) erhält man nach Division durch $p(\neg X)$ gemäß (3):

$$\frac{k-1}{2^n} < \frac{p(X)}{p(\neg X)} < \frac{k}{2^n},$$

was nach leichter Umformung die doppelte Ungleichung liefert:

(9) $\dfrac{k-1}{2^n + k - 1} < p(X) < \dfrac{k}{2^n + k}$.[30]

Hiermit ist das Lemma bewiesen, da man durch hinreichend großes n dieses Intervall beliebig klein machen kann.

(II) Y sei eine ganz beliebige neutrale Proposition. Wir beweisen das Theorem, indem wir zeigen, daß sich die Voraussetzungen des Lemmas stets erfüllen lassen. Wir unterscheiden vier Fälle:

1. Fall: Sowohl $\neg Y \wedge G$ als auch $\neg Y \wedge \neg G$ ist neutral; $p(Y) > 1/2$. Es wird jetzt folgender Trick angewendet: G kann durch die logisch äqui-

---

[30] Wir geben einen kurzen Hinweis zur Gewinnung der ersten Ungleichung: Aus $\dfrac{k-1}{2^n} < \dfrac{x}{1-x}$ erhält man durch Multiplikation mit $1 - x$:

$\left(\dfrac{k-1}{2^n} - x \dfrac{k-1}{2^n} \right) < x$, also: $k - 1 < x(2^n + k - 1)$.

valente Aussage $(Y \wedge G) \vee (\neg Y \wedge G)$ wiedergegeben werden. Da das zweite Adjunktionsglied nach Voraussetzung neutral ist, kann die Güte der guten Proposition G nur darauf beruhen, *daß $Y \wedge G$ gut ist!* Analog kann man daraus, daß $\neg G$ schlecht ist, und wegen der Darstellbarkeit von $\neg G$ durch $(Y \wedge \neg G) \vee (\neg Y \wedge \neg G)$ schließen, *daß $Y \wedge \neg G$ schlecht ist*, da auch hier wieder das andere Adjunktionsglied als neutral vorausgesetzt wurde.

Wenn wir jetzt X durch $\neg Y$ definieren, so sind die beiden Voraussetzungen des Lemmas für X erfüllt. Also gilt auch die Behauptung für $p(X)$, aus der man auf $p(Y) = 1 - p(X)$ schließen kann.

2. Fall: $\neg Y \wedge G$ und $\neg Y \wedge \neg G$ sind nicht beide neutral — und daher ist nach dem obigen Beweis *keine* neutral — und $p(Y) < 1/2$. In diesem Fall ist das Lemma direkt auf $Y (= X)$ anwendbar.

3. Fall: Sowohl $\neg Y \wedge G$ als auch $\neg Y \wedge \neg G$ ist neutral; $p(Y) \leqq 1/2$.

Wie im ersten Fall schließen wir, daß $Y \wedge G$ gut ist und $Y \wedge \neg G$ schlecht ist. Wir können für beide das Zerlegungsverfahren nach $\mathbf{HS}_5$ anwenden; denn auch die Negationen dieser Propositionen sind nicht neutral, wie man leicht feststellt (bei der Berechnung von $nu(\neg Y \vee \neg G)$ kommt z. B. im Zähler das von 0 verschiedene Glied $nu(\neg G) \cdot p(\neg G)$ vor usw.). B_1 und B_2 seien die Zerlegungsglieder von $Y \wedge G$, und C_1 und C_2 die von $Y \wedge \neg G$. Es gelten also die folgenden Rangverhältnisse:

$$Y \wedge G, B_1, B_2$$
$$Y \wedge \neg G, C_1, C_2$$

sowie die Wahrscheinlichkeiten:

$$p(B_1) = p(B_2) = 1/2\, p(Y \wedge G);$$
$$p(C_1) = p(C_2) = 1/2\, p(Y \wedge \neg G).$$

Wir definieren eine Proposition X durch: $X =_{\mathrm{Df}} B_1 \vee C_1$. Es gilt:

(α) X ist neutral.

Denn wegen der obigen Ranggleichheiten und Wahrscheinlichkeitsverhältnisse ist

$$nu(B_1 \vee C_1) = \frac{nu(Y \wedge G) \cdot 1/2\, p(Y \wedge G) + nu(Y \wedge \neg G) \cdot 1/2\, p(Y \wedge \neg G)}{1/2\, p(Y \wedge G) + 1/2\, p(Y \wedge \neg G)}$$

$$= nu((Y \wedge G) \vee (Y \wedge \neg G)) = nu(Y) = 0,$$

da Y nach Voraussetzung neutral ist.

(β) $p(X) < 1/2$.

Denn B_1 und C_1 sind logisch unverträglich, so daß das spezielle Additionsprinzip liefert: $p(X) = p(B_1) + p(C_1) = 1/2(p(Y \wedge G) + p(Y \wedge \neg G))$ $= 1/2\, p((Y \wedge G) \vee (Y \wedge \neg G)) = 1/2\, p(Y)$. Es war aber $p(Y)$ als höchstens 1/2 vorausgesetzt.

(γ) $\neg X \wedge G$ *ist eine gute Proposition.*

Diese Proposition ist nämlich logisch äquivalent mit $B_2 \vee (\neg Y \wedge G)$; das zweite Adjunktionsglied dieser letzten Proposition ist aber neutral, während das erste wegen seiner Gleichrangigkeit mit $Y \wedge G$ gut ist.

Daß die L-Äquivalenz wirklich gilt, kann man sich anhand aussagenlogischer Ableitungsbeziehungen klarmachen: Es gelte: $B_2 \vee (\neg Y \wedge G)$. Wir nehmen zunächst $\neg Y \wedge G$ an. Dann ist bereits alles bewiesen; denn da man statt Y auch $(Y \wedge G) \vee (Y \wedge \neg G)$ schreiben kann, ist $\neg Y$ dasselbe wie $\neg B_1 \wedge \neg B_2 \wedge \neg C_1 \wedge \neg C_2$, während $\neg X$ dasselbe ist wie $\neg B_1 \wedge \neg C_1$. Wenn hingegen B_2 gilt, so auch $B_1 \vee B_2$, d.h. $Y \wedge G$ und somit G. Wegen der logischen Unverträglichkeit von $Y \wedge G$ mit $Y \wedge \neg G$ ist erst recht B_2 logisch unverträglich mit C_1 und mit C_2, so daß wir von B_2 auf $\neg C_1 \wedge \neg C_2$, also auf $\neg X$ schließen können. Damit ist die eine logische Implikation bewiesen.

Es gelte also umgekehrt: $\neg X \wedge G$. Falls auch B_2 gilt, ist nichts mehr zu beweisen. Es gelte also außerdem: $\neg B_2$. Wir brauchen nur die Geltung von $\neg C_2$ zu zeigen. In der Tat: Würde C_2 gelten, so auch $C_1 \vee C_2$ und damit $Y \wedge \neg G$, was mit der Voraussetzung $\neg X \wedge G$ in Widerspruch steht.

Mit (α), (β) und (γ) sind die Voraussetzungen des Lemmas für X erfüllt. Gemäß (β) errechnet sich dann die Wahrscheinlichkeit von Y nach der Formel: $p(Y) = 2\,p(X)$.

4. *Fall:* Weder $\neg Y \wedge G$ noch $\neg Y \wedge \neg G$ ist neutral; $p(Y) \geqq 1/2$.

Analog zum vorigen Fall sind die Voraussetzungen für die Zerlegung, aber diesmal für die Formel $\neg Y \wedge G$ und $\neg Y \wedge \neg G$ selbst, erfüllt. B_1 und B_2 seien diesmal die Zerlegungsglieder von $\neg Y \wedge G$, C_1 und C_2 die von $\neg Y \wedge \neg G$. Wir haben also die folgenden Rangverhältnisse:

$$\neg Y \wedge G,\, B_1,\, B_2$$
$$\neg Y \wedge \neg G,\, C_1,\, C_1.$$

Wenn wir X als $B_1 \vee C_1$ definieren, so erhalten wir wie im vorigen Fall, daß X neutral ist und daß gilt: $p(X) < 1/2$. Wenn $\neg X \wedge G$ oder $\neg X \wedge \neg G$ nicht neutral ist (und damit nach dem ersten Teil im Beweis des Lemmas keine der beiden Formeln neutral ist), so ist die Voraussetzung des Lemmas erfüllt und der Wert $p(X)$ läßt sich ermitteln. Analog wie im 3. Fall, (β), ist dann $p(Y)$ der doppelte Wert davon. Sind dagegen beide neutral, so ist die Voraussetzung des dritten Falles (mit X statt Y) gegeben und das dortige Verfahren anwendbar, um daraus $p(X)$ und daher wieder $p(Y) = 2\,p(X)$ zu ermitteln

Damit ist das Theorem vollständig bewiesen: Der erste und dritte Fall erschöpft alle Möglichkeiten der Neutralität von $\neg Y \wedge G$ und $\neg Y \wedge \neg G$, der zweite und vierte Fall alle Möglichkeiten der Nichtneutralität dieser beiden Formeln. Daß im vierten Fall eine *und nur eine* der beiden Formeln nicht neutral wäre, könnte wegen der Neutralität von Y nur bei Nichtneutralität von $\neg Y$ eintreten, wodurch wir nach **HS**$_1$ $p(\neg Y) = 0$ und $p(Y) = 1$ erhielten.

T_8 und T_9 zusammen besagen, daß bei Erfüllung der vier Fundamentalbedingungen die Präferenzordnung erstens die Wahrscheinlichkeits*verhältnisse* beliebiger gleichrangiger, nichtneutraler Propositionen eindeutig festlegt und zweitens die *Wahrscheinlichkeiten* aller neutralen Propositionen eindeutig festlegt.

**7.e Äquivalenz und Eindeutigkeit. Das Eindeutigkeitstheorem von
K. Gödel und E. Bolker.** Das Problem der Metrisierung eines komparativen Begriffs (einer einfachen Ordnung) kann erst dann als gelöst betrachtet
werden, wenn es geglückt ist, den *Skalentyp* zu bestimmen, d.h. anzugeben,
bis auf welche Transformationen die metrische Skala eindeutig festgelegt
ist. Unterschiede im Skalentyp zweier metrischer Begriffe kann man vom
inhaltlichen Standpunkt aus u.a. daran erkennen, daß für den einen quantitativen Begriff gewisse Aussagen ohne explizite Skalenangaben sinnvoll
sind, die für den anderen erst dann einen Sinn erhalten, wenn man genau
angibt, welche Skala man zugrundelegt.

Als Beispiel betrachten wir die beiden Begriffe des Gewichtes und der
Temperatur. Daß es sich bei ihnen um quantitative Begriffe von *verschiedenem Typ* handelt, tritt beim Vergleich zweier Aussagen zutage. Die Aussage:

(1) Das Verhältnis des heutigen Gewichtes von Hans zum heutigen Ge-
wicht von Franz beträgt 1,24

ist *eine für sich sinnvolle Aussage*, vorausgesetzt natürlich, daß man die Gewichte beider Personen nach derselben Skala bestimmt. Es spielt hingegen
keine Rolle, *welches* Gewichtsmaß man dabei benützt. Wenn die Aussage (1)
richtig ist, so ist sie für *jede* Gewichtsskala richtig; und wenn sie falsch ist,
so ist sie für *jede* Skala falsch.

Die Aussage hingegen:

(2) Das Verhältnis der Tiefsttemperatur der letzten Nacht zur Tiefsttemperatur der vorletzten Nacht ist 1,24

ist *keine für sich sinnvolle Aussage*, selbst dann nicht, wenn man wie im ersten
Fall beide Temperaturen in derselben Skala (z.B. beide Male in Celsius
oder beide Male in Fahrenheit) gemessen hat. Man muß außerdem angeben,
auf welche Skala man sich mit dieser Aussage bezieht. Wenn (2) z.B. für
Celsius richtig ist, so ist diese Aussage für Fahrenheit falsch.

Um auch im Fall der Temperatur zu einer für sich sinnvollen und zugleich skalenunabhängigen Aussage zu gelangen, muß man kompliziertere
Behauptungen heranziehen, wie z.B. die folgende:

(3) Das Verhältnis der Differenz zwischen der heutigen und gestrigen
Tiefsttemperatur zur Differenz zwischen der gestrigen und vorgest-
rigen Tiefsttemperatur beträgt 1,15.

Was ist der Grund für diesen auf den ersten Blick etwas verblüffenden
Sachverhalt? Die Antwort ist höchst einfach: Die Gewichtsskala ist eine

Verhältnisskala und als solche *eindeutig bis auf Ähnlichkeitstransformationen,*
d. h. bis auf Abbildungen der Gestalt: $\varphi(x) = \alpha x$ (mit einer positiven reellen
Konstanten α). Wenn man daher von zwei in der einen Skala gemessenen
Werten x_1 und x_2 zu den in der anderen Skala gemessenen übergeht, näm-
lich zu αx_1 und αx_2, so bleibt doch *das Verhältnis* dasselbe, nämlich $x_1 : x_2$
$= \alpha x_1 : \alpha x_2$, weil sich die positive Zahl α wegkürzt. Daher ist (1) für sich
sinnvoll. Die Temperaturskala ist hingegen eine *Intervallskala.* Hier ist
Eindeutigkeit nur bis auf positive lineare Transformationen gegeben, d. h. bis auf
Abbildungen von der Gestalt: $\varphi(x) = \alpha x + \beta$ (α und β reelle Zahlen, α positiv, β beliebig). Wenn $\beta \neq 0$ (also eine lineare Transformation vorliegt, die
keine Ähnlichkeitstransformation ist), so verwandelt sich das Verhältnis
$x_1 : x_2$ zwischen zwei in der ersten Skala gemessenen Werten x_1 und x_2 in
der zweiten Skala in das davon verschiedene Verhältnis $(\alpha x_1 + \beta) : (\alpha x_2 + \beta)$.
Darum ist (2) unvollständig und wird erst nach Skalenangabe sinnvoll und
auf Richtigkeit hin überprüfbar. Beim Übergang zum Verhältnis *von Diffe-*
renzen, wie in (3), entsteht hingegen wieder eine skaleninvariante Aussage,
da sich in einem ersten Schritt im Zähler und Nenner β wegen $\beta - \beta = 0$
forthebt und dann wie im ersten Fall außerdem durch α gekürzt werden kann.

Nicht alle Skalentypen besitzen eigene Namen, insbesondere dann nicht,
wenn die Transformationsregeln kompliziert sind und sich z. B. gleichzeitig
auf mehrere Größen beziehen. Eine derartige komplizierte Situation liegt
im gegenwärtigen Fall vor.

Im vorigen Unterabschnitt haben wir Überlegungen darüber angestellt,
bis zu welchem Grad die Präferenzordnung und die Nützlichkeitsmetrik
die Wahrscheinlichkeitsmetrik bestimmen. Weder der Skalentyp der numerischen Funktion *nu* noch der Skalentyp der Wahrscheinlichkeitsfunktion *p*
wurde analysiert.

Bei der Skizze der Theorie von RAMSEY haben wir uns dagegen diesbe-
züglich ausdrücklich geäußert: Die Wahrscheinlichkeitsskala war eine
absolute Skala, d. h. die Wahrscheinlichkeiten waren endgültig („bis auf identische Transformationen') festgelegt, während die Nutzenskala (ähnlich wie
die Temperaturskala) eine Intervallskala bildete.

In der Theorie von JEFFREY ist weder die Nutzenskala noch die Wahrscheinlichkeitsskala eine absolute Skala. Das letztere wird vielen zunächst
als recht merkwürdig erscheinen. Wie ist es möglich, so ist man geneigt zu
fragen, daß eine Person ihre Wahrscheinlichkeitsbeurteilungen einer nicht-
identischen Transformation unterwerfen kann, *ohne dabei ihre* vor der Transformation vorhandene *Rationalität einzubüßen* (bzw. umgekehrt: ohne erst
nach der Transformation rational zu werden)? Die Antwort auf diese
Frage lautet: Die personelle Wahrscheinlichkeit wird nur *in Entscheidungs-*
situationen verwendet, in welchen außer den Wahrscheinlichkeiten *auch die*
Nützlichkeiten ins Spiel kommen. Die beiden weiter unten geschilderten
Transformationen ($\mathbf{TR_1}$) und ($\mathbf{TR_2}$) sind so geartet, daß immer nur eine

simultane Transformation von Wahrscheinlichkeiten und Nützlichkeiten zulässig ist. Eine solche Transformation aber ist, wie wir erkennen werden, in dem Sinn ‚*entscheidungsinvariant*‘, daß ein rational Handelnder *nach* der Transformation *genau dieselben Entscheidungen* fällt wie *vor* der Transformation.

Wir formulieren zunächst das Problem in präziserer Gestalt. Gegeben sei eine Präferenzordnung $\leqq$, verstanden als eine einfache Ordnung, welche die beiden Axiome A_1 und A_2 erfüllt. *nu* sei eine Funktion, die mit der Relation $\leqq$ im Einklang steht; p sei ein absolutes Wahrscheinlichkeitsmaß, welches die drei Postulate P_1 bis P_3 erfüllt; schließlich sollen p und *nu* zusammen das Nützlichkeitsaxiom P_4 erfüllen. Der Argumentbereich von p sei ein Körper von Propositionen; der Argumentbereich von *nu* sei identisch mit dem Definitionsbereich von $\leqq$, und zwar sei dies der um die logisch unmögliche Proposition f verringerte Argumentbereich von p. Kürzer formuliert: Die rationale Präferenzbedingung sowie die Körperbedingung bezüglich $\leqq$ seien erfüllt. (F_1) werde jetzt nicht mehr als gültig vorausgesetzt. Es treten dann zwei Fragen auf:

(1) Kann man Transformationen (funktionelle Abbildungen) von p und *nu* angeben, die zu zwei Funktionen — wir bezeichnen sie zum Unterschied von den ersten mit P und Nu — führen, welche ebenfalls diese Voraussetzungen erfüllen, so daß also insbesondere auch Nu mit $\leqq$ im Einklang steht und P zusammen mit Nu die vier Postulate des rationalen Entscheidungskalküls erfüllt?

(2) Läßt sich zeigen, daß die in (1) angeführten Transformationen die einzigen sind, welche von zwei die rationale Präferenzbedingung bezüglich $\leqq$ erfüllenden Funktionen p, *nu* zu zwei anderen, eben diese Bedingung erfüllenden Funktionen P, Nu führen?

Beide Fragen können bejahend beantwortet werden, die zweite allerdings nur dann, wenn außerdem die beiden anderen Fundamentalbedingungen erfüllt sind. Die Antwort bildet *die Lösung des Eindeutigkeitsproblems* für die Wahrscheinlichkeits- und Nutzenfunktion bei vorgegebener Präferenzordnung. Wir werden methodisch folgendermaßen vorgehen: Zunächst schreiben wir die zwei Transformationen, die für p und *nu* gelten sollen, rein formal an. Danach beweisen wir für diese die beiden Behauptungen (1) und (2), die wir als Teilaussagen des folgenden *Eindeutigkeitstheorems* auffassen. Bei dem einfacheren Beweis von (1) werden wir nur die beiden genannten Bedingungen benötigen. Beim (schwierigeren) Beweis von (2) werden wir außerdem die Gütebedingung sowie die Zerlegbarkeitsbedingung heranziehen müssen.

Die im folgenden beschriebene Lösung des Eindeutigkeitsproblems haben unabhängig voneinander Kurt Gödel und Ethan Bolker gefunden. Jeffrey hat diese Lösung in seine vereinheitlichte Theorie eingebaut. Die Gödelsche Lösung ist in mündlichen Mitteilungen an Jeffrey enthalten. Die Lösung von Bolker findet sich in dessen Dissertation [Functions].

In den folgenden beiden Transformationsregeln seien p, nu und P, Nu zwei Paare von numerischen Funktionen mit Propositionen als Argumenten; α, β, γ, und δ seien vier konstante reelle Zahlen:

(**TR₁**) $P(X) = p(X) \cdot (\gamma\, nu(X) + \delta)$.

(**TR₂**) $Nu(X) = \dfrac{\alpha\, nu(X) + \beta}{\gamma\, nu(X) + \delta}$.

(Man beachte, daß der neue Nützlichkeitswert nur eine Funktion des alten Nützlichkeitswertes ist, der neue Wahrscheinlichkeitswert dagegen *sowohl* eine Funktion des alten Wahrscheinlichkeitswertes *als auch* eine Funktion des alten Nützlichkeitswertes.)

T₁₀   (**Eindeutigkeitstheorem**). *Gegeben sie eine Präferenzordnung, also eine Präferenzrelation $\leqq$, welche die Axiome A_1 und A_2 erfüllt.*

(**I**) *Wenn zwei Funktionen p und nu die rationale Präferenzbedingung und die Körperbedingung bezüglich $\leqq$ erfüllen und außerdem die beiden Transformationen (**TR₁**) und (**TR₂**) vorgegeben sind, so daß gilt:*

(*a*) $\alpha\delta - \gamma\beta > 0$;

(*b*) *für jedes X im Definitionsbereich von $\leqq$:*
$\gamma\, nu(X) + \delta > 0$;

(*c*) $\gamma\, nu(t) + \delta = 1$;

dann erfüllen die beiden Funktionen P und Nu ebenfalls die rationale Präferenzbedingung bezüglich $\leqq$.

(**II**) *Wenn zwei Paare von Funktionen p, nu und P, Nu die rationale Präferenzbedingung bezüglich $\leqq$ erfüllen und außerdem die Körper-, die Güte- und die Zerlegbarkeitsbedingung erfüllt sind, so existieren 4 positiv reelle Zahlen α, β, γ, und δ mit $\alpha\delta - \gamma\beta > 0$, so daß für jede nicht logisch unmögliche Proposition X gilt: Das Paar P, Nu ist durch die Transformationen (**TR₁**) und (**TR₂**) mit dem Paar p, nu verknüpft.*

Beweis von (**I**). Wir verifizieren zunächst die vier Postulate für P und Nu und zeigen anschließend, daß auch Nu mit $\leqq$ im Einklang steht.

(1) P erfüllt P_1, d.h. P ist nichtnegativ. Dies folgt wegen der ersten Transformationsregel unmittelbar aus der Voraussetzung (*b*) sowie daraus, daß p dieses erste Postulat P_1 erfüllt.

(2) P erfüllt P_2. Wegen der ersten Transformationsregel und der Voraussetzung (*c*) ist $P(t) = p(t) = 1$.

(3) P erfüllt P_3. Es sei $X \wedge Y = f$. Zwei Fälle werden unterschieden:

1. Fall: $p(X \vee Y) = 0$. Dann ist wegen P_3 und P_1 sowohl $p(X) = 0$ als auch $p(Y) = 0$. Setzt man in (**TR₁**) sukzessive die drei Formeln $X \vee Y$, X und Y ein, so erhält man jedesmal den P-Wert 0, also:
$P(X \vee Y) = P(X) + P(Y)$.

2. *Fall*: $p(X \lor Y) \neq 0$. Wir wenden die erste Transformationsregel an und setzen für $p(X \lor Y)$ gemäß $\mathbf{P}_3$ und für $nu(X \lor Y)$ gemäß $\mathbf{P}_4$ ein (letzteres ist wegen der logischen Unverträglichkeit von X und Y zulässig):

$$P(X \lor Y) = (p(X) + p(Y)) \left[\gamma\, \frac{nu(X)\, p(X) + nu(Y)\, p(Y)}{p(X) + p(Y)} + \delta \right]$$

$$= \gamma\, nu(X)\, p(X) + \gamma\, nu(Y)\, p(Y) + \delta\, p(X) + \delta\, p(Y)$$

$$= p(X)\, (\gamma\, nu(X) + \delta) + p(Y)\, (\gamma\, nu(Y) + \delta)$$

$$= P(X) + P(Y) \text{ (nach } (\mathbf{TR}_1)).$$

(4) P und Nu erfüllen $\mathbf{P}_4$. Es gelte: $P(X \land Y) = 0$ und $P(X \lor Y) \neq 0$. Aus der ersten Annahme folgt nach $(\mathbf{TR}_1)$: $p(X \land Y)\, (\gamma\, nu(X \land Y) + \delta) = 0$, und daher wegen der Voraussetzung (b): $p(X \land Y) = 0$. Analog erhalten wir aus der zweiten Voraussetzung: $p(X \lor Y) \neq 0$. Damit haben wir die Gewähr dafür geschaffen, $\mathbf{P}_4$ auf p und nu anwenden zu dürfen.

Erstmals machen wir jetzt von $(\mathbf{TR}_2)$ Gebrauch und setzen im Zähler sowie im Nenner gemäß $\mathbf{P}_4$ ein:

$$Nu(X \lor Y) = \frac{\alpha\, nu(X \lor Y) + \beta}{\gamma\, nu(X \lor Y) + \delta} = \frac{\alpha\, \dfrac{nu(X)\, p(X) + nu(Y)\, p(Y)}{p(X) + p(Y)} + \beta}{\gamma\, \dfrac{nu(X)\, p(X) + nu(Y)\, p(Y)}{p(X) + p(Y)} + \delta}$$

Multiplikation von Zähler und Nenner mit $(p(X) + p(Y))$ und Zusammenfassung ergibt:

$$= \frac{p(X)\, (\alpha\, nu(X) + \beta) + p(Y)\, (\alpha\, nu(Y) + \beta)}{p(X)\, (\gamma\, nu(X) + \delta) + p(Y)\, (\gamma\, nu(Y) + \delta)}$$

$$= \frac{Nu(X)\, P(X) + Nu(Y)\, P(Y)}{P(X) + P(Y)}.$$

Für die Gewinnung der letzten Gleichung beachten wir, daß der Nenner bereits die gewünschte Gestalt hat und daß wir das erste Glied im Zähler mit

$$1 = \frac{\gamma\, nu(X) + \delta}{\gamma\, nu(X) + \delta}$$

und das zweite Glied im Zähler mit

$$1 = \frac{\gamma\, nu(Y) + \delta}{\gamma\, nu(Y) + \delta}$$

multiplizieren können; die beiden Transformationsregeln liefern dann dieses Resultat.

(5) Wir haben noch zu zeigen, daß auch Nu mit der vorgegebenen Präferenzordnung $\lesssim$ im Einklang steht. Da dies bezüglich nu bereits vorausgesetzt ist, braucht man gar nicht auf die Präferenzrelation selbst zurückzugreifen, sondern kann sich damit begnügen, die folgende Behauptung zu beweisen:

(*) *Für zwei beliebige Propositionen X und Y des Definitionsbereiches von $\leqq$ gilt:*
$Nu(X) \leqq Nu(Y)$ *gdw* $nu(X) \leqq nu(Y)$.

Wir beweisen diese Behauptung dadurch, daß wir von der linken Seite
ausgehen, für $Nu(X)$ und $Nu(Y)$ die Substitutionen mittels $(\mathbf{TR_2})$ vornehmen und diese Werte durch eine einfache Kette äquivalenter Transformationen in die rechte Seite umformen, wobei wir von den zwei Voraussetzungen (*a*) und (*b*) Gebrauch machen:

$$Nu(X) \leqq Nu(Y) \text{ gdw } \frac{\alpha\, nu(X) + \beta}{\gamma\, nu(X) + \delta} \leqq \frac{\alpha\, nu(Y) + \beta}{\gamma\, nu(Y) + \delta} \text{ (nach } (\mathbf{TR_2}))$$

$$\text{gdw } \alpha\delta\, nu(X) + \beta\gamma\, nu(Y) \leqq \alpha\delta\, nu(Y) + \beta\gamma\, nu(X)$$

$$\text{gdw } (\alpha\delta - \beta\gamma)\, nu(X) \leqq (\alpha\delta - \beta\gamma)\, nu(Y)$$

$$\text{gdw } nu(X) \leqq nu(Y) \text{ (wegen Voraussetzung } (a)).$$

Damit ist der erste Teil des Eindeutigkeitstheorems bewiesen. Wir wissen
also: Wenn man unter den genannten Voraussetzungen auf zwei numerische Funktionen p und nu, welche die rationalen Präferenzbedingungen
bezüglich eines vorgegebenen $\leqq$ erfüllen, die beiden Transformationen
$(\mathbf{TR_1})$ und $(\mathbf{TR_2})$ anwendet, so erhält man erstens eine Nutzenfunktion Nu,
die ebenfalls mit der vorgegebenen Präferenzrelation im Einklang steht
(diese qualitative Ordnung also quantitativ wiederspiegelt), und zweitens
eine Wahrscheinlichkeitsfunktion P, die zusammen mit der neuen Nutzenfunktion Nu die Postulate des rationalen Entscheidungskalküls erfüllt.

Beweis von (**II**). Es seien vier Funktionen p, nu sowie P, Nu gegeben,
so daß die Voraussetzungen von (**II**) erfüllt sind. Wir können somit die
Theoreme $\mathbf{T_8}$ und $\mathbf{T_9}$ auf beide Paare von Funktionen anwenden und gewinnen so das später benötigte Zwischenresultat:

(6) *Wenn die Voraussetzungen von Teil* (II) *des Eindeutigkeitstheorems erfüllt*
sind, dann gilt:

(*a*) *wenn X und Y beliebige gleichrangige Propositionen sind, dann:*

$$\frac{p(X)}{p(Y)} = \frac{P(X)}{P(Y)} \, ;$$

(*b*) *wenn Z eine beliebige neutrale Proposition ist, dann:*
$p(Z) = P(Z)$.

Der Beweis wird dadurch vereinfacht, daß wir in einer Reihe von Re-
duktionsschritten zeigen, wie die Aufgabe sukzessive auf einfachere Probleme zurückgeführt werden kann.

1. Reduktionsschritt: Wir machen von zwei Normierungen Gebrauch.
Die eine Normierung, die wir bereits früher vorgenommen haben, besagt,
daß die Tautologie in jeder Nutzenskala den Wert 0 haben soll. Ohne Einschränkung an Allgemeinheit können wir weiter voraussetzen, daß die

gute Proposition den Wert 1 besitze. Die Normierungen lauten also:

(7) (a) $nu(t) = Nu(t) = 0$;

(b) $nu(G) = Nu(G) = 1$ (Festsetzung (F_3).)

Sollten die vorgegebenen Nutzenordnungen diese zwei Bedingungen nicht erfüllen, so sind die Nutzenordnungen, welche den Normierungsbedingungen (7) genügen, mit den vorgegebenen durch eine positive lineare Transformation verknüpft.

Durch diese Normierungen vereinfachen sich die beiden Transformationsregeln. Wenn wir in (TR_1) t statt X wählen, so erhalten wir:

$$1 = 1(\gamma \cdot 0 + \delta) = \delta.$$

Wenn wir dieselbe Einsetzung in (TR_2) vornehmen, so gewinnen wir:

$$0 = \frac{\alpha \cdot 0 + \beta}{\gamma \cdot 0 + 1} = \beta.$$

Setzen wir schließlich in der zweiten Regel G für X ein, so erhalten wir:

$$1 = \frac{\alpha \cdot 1 + 0}{\gamma \cdot 1 + 1}, \text{ also: } \alpha = \gamma + 1.$$

Wenn wir die zwei gewonnenen Werte $\delta = 1$ und $\beta = 0$ sowie die gewonnene Relation $\alpha = \gamma + 1$ mit der Größenbedingung $\alpha\delta - \gamma\beta > 0$ in die beiden Regeln einsetzen, so erhalten wir:

(8) (a) $P(X) = p(X)(\gamma\, nu(X) + 1)$,

(b) $Nu(X) = \dfrac{(\gamma + 1)\, nu(X)}{\gamma\, nu(X) + 1}$,

(c) $\gamma > -1$.

Das Problem ist somit darauf reduziert worden, eine die Bedingung (8) (c) erfüllende Zahl γ zu finden, so daß die beiden Transformationen (8) (a) und (b) gelten.

2. Reduktionsschritt: Wir zeigen jetzt, daß es unter den angeführten Voraussetzungen genügt, (8) (b) zu beweisen, da (8) (a) eine logische Folge von (8) (b) und den übrigen Voraussetzungen ist. Wir unterscheiden zwei Fälle:

1. Fall: X ist gleichrangig mit $\neg X$, also $nu(X) = nu(\neg X)$. Wenn man von dieser Identität sowie von $p(X) + p(\neg X) = 1$ in P_4 geeigneten Gebrauch macht, so ist:

$$0 = nu(t) = nu(X \vee \neg X) = \frac{nu(X) \cdot 1}{1} = nu(X); \text{ also } nu(X) = nu(\neg X)$$

$= 0$. Insbesondere ist X neutral und (6) (b) liefert: $P(X) = p(X)$. Dies ist aber für $nu(X) = 0$ gerade die Behauptung (8) (a).

2. Fall: X und $\neg X$ sind nicht gleichrangig. Wir können dann T_6 (a) anwenden und erhalten wegen der Normierung (7) (a) die beiden Gleichungen:

$$P(X) = \frac{-Nu(\neg X)}{Nu(X) - Nu(\neg X)},$$

$$p(X) = \frac{-nu(\neg X)}{nu(X) - nu(\neg X)}.$$

Wir machen nun davon Gebrauch, daß (8) (b) gelten möge. Dann erhalten wir zwei zusätzliche Gleichungen, nämlich:

$$Nu(X) = \frac{(\gamma + 1)\, nu(X)}{\gamma\, nu(X) + 1},$$

$$Nu(\neg X) = \frac{(\gamma + 1)\, nu(\neg X)}{\gamma\, nu(\neg X) + 1}.$$

Wenn wir diese beiden Werte in die Gleichung für $P(X)$ einsetzen, so erhalten wir einen Ausdruck, in welchem zunächst $\gamma + 1$ weggekürzt werden kann, und der sich, nachdem man den Nenner selbst auf einen gemeinsamen Nenner gebracht hat, durch $\gamma\, nu(\neg X) + 1$ kürzen läßt, so daß man erhält:

$$P(X) = \frac{-nu(\neg X)}{[nu(X)\,(\gamma\, nu(\neg X) + 1) - nu(\neg X)\,(\gamma\, nu(X) + 1)]/(\gamma\, nu(X) + 1)}$$

$$= \frac{-nu(\neg X)}{nu(X) - nu(\neg X)}\,(\gamma\, nu(X) + 1) \quad \text{(da sich } \gamma\, nu(X)\, nu(\neg X) \text{ weghebt)}$$

$$= p(X)\,(\gamma\, nu(X) + 1) \quad \text{(nach Einsetzung der obigen Gleichung für } p(X)).$$

Dies ist aber wiederum die Gleichung (8) (a).

Es genügt also tatsächlich, eine Zahl $\gamma > -1$ zu finden, so daß (8) (b) gilt.

3. *Reduktionsschritt:* Je nachdem, an welcher Stelle der Präferenzordnung $\leqq$ eine vorgegebene Proposition X vorkommt, unterscheiden wir 7 Fälle. Das folgende Diagramm soll diese Fälle veranschaulichen:

$$(X),$$
$$G, (X),$$
$$X,$$
$$t, (X),$$
$$(X),$$
$$\neg G, (X),$$
$$(X).$$

Nur für den Fall, daß X zwischen G und t eingestuft wird, haben wir das Symbol „X" nicht eingeklammert. *Denn auf diesen einen Fall soll die Aufgabe reduziert werden.* Wir nennen diesen Fall den *Hauptfall.* In den übrigen 6 Fällen kann die Antwort entweder unmittelbar gegeben werden oder

sie ist auf den Hauptfall zurückführbar. Die erste Art von Situation liegt
vor, wenn X gleichrangig ist mit G oder mit t; denn dann gilt gemäß
unserer Normierung $nu(X) = 1$ bzw. $nu(X) = 0$. Damit verbleiben noch
5 Fälle.

Die 3 Fälle, in denen X schlecht ist, also in der Präferenzordnung unterhalb von t liegt, sollen zusammen behandelt und auf den Hauptfall zurückgeführt werden. Dazu knüpfen wir an $\mathbf{T}_7$ an. Wenn wir dort für X eine
schlechte Proposition einsetzen, so ergibt sich ein positiver nu-Wert für
ihre Negation (denn die beiden Minuszeichen heben sich fort). Ist außerdem
die Wahrscheinlichkeit von X hinreichend klein, so gilt: $nu(\neg X) < nu(G)$
$= 1$. Eine solche niedrige Wahrscheinlichkeit dürfen wir zwar für unser
jetziges X nicht annehmen, können sie aber für die Zerlegungsglieder von
X voraussetzen, wenn wir das Zerlegungsverfahren gemäß $\mathbf{HS}_6$ hinreichend
oft anwenden. Dies ist der Kunstgriff, den wir jetzt benützen wollen, und
zwar sowohl in bezug auf die Funktion p als auch in bezug auf die Funktion
P. Es sei also n hinreichend groß gewählt, so daß die Zerlegung von X in 2^n
Glieder X_i Wahrscheinlichkeiten $p(X_i) = 1/2^n p(X)$ und $P(X_i) = 1/2^n P(X)$
liefert, so daß die Negationen von X_1 und $X_1 \vee X_2$ in der Präferenzordnung
unterhalb von G liegen. Ihre nu-Werte brauchen natürlich nicht mit
ihrem Nu-Wert übereinzustimmen. Wir schildern den Sachverhalt mittels
der folgenden tabellarischen Übersicht:

Ordnung nach $\leqq$	nu-Werte	Nu-Werte
G	1	1
$\neg [X_1 \vee X_2]$	z	w
$\neg X_1$	y	v
t	0	0
$X, X_1, X_1 \vee X_2$	x	u

(Da die Wahrscheinlichkeit von $X_1 \vee X_2$ mindestens ebenso groß ist wie
die von X_1, könnte wegen $\mathbf{HS}_4 \neg X_1$ höchstens noch mit $\neg [X_1 \vee X_2]$
gleichrangig, aber nicht höherrangig sein.)

Es gilt:

$$0 = nu(t) = Nu(t) = nu(X_1 \vee \neg X_1) = Nu(X_1 \vee \neg X_1)$$
$$= nu((X_1 \vee X_2) \vee \neg(X_1 \vee X_2)) = Nu((X_1 \vee X_2) \vee \neg(X_1 \vee X_2)).$$

Wenn wir auf die letzten vier Formeln $\mathbf{P}_4$ anwenden, dabei für die Wahrscheinlichkeiten die folgenden Abkürzungen verwenden:

$$p_1 = p(X_i) = 1/2^n p(X) \quad (i = 1, 2)$$
$$p_2 = P(X_i) = 1/2^n P(X) \quad (i = 1, 2)$$

und die Symbole für die *nu*- sowie *Nu*-Werte der obigen Tabelle entnehmen, so erhalten wir vier Gleichungen:

(G_1) $\quad x p_1 + y(1-p_1) = 0,$ $\qquad (G_3)$ $\quad 2 x p_1 + z(1-2p_1) = 0,$

(G_2) $\quad u p_2 + v(1-p_2) = 0,$ $\qquad (G_4)$ $\quad 2 u p_2 + w(1-2p_2) = 0.$

(Bezüglich (G_3) und (G_4) ist zu beachten, daß X_1 und X_2 miteinander unverträglich sind, so daß das Additionsprinzip anwendbar wird.)

Da es uns gegenwärtig nur um die Aufgabe der Reduktion auf den Hauptfall geht, der sowohl für $\neg X_1$ als auch für $\neg(X_1 \vee X_2)$ gegeben ist, können wir die Gültigkeit von (8) (b) für diese beiden Fälle voraussetzen und erhalten zwei weitere Gleichungen:

(G_5) $\quad w = \dfrac{(\gamma+1)\,z}{\gamma\,z+1},$ $\qquad (G_6)$ $\quad v = \dfrac{(\gamma+1)\,y}{\gamma\,y+1}.$

Dieses System von sechs Gleichungen kann man auf solche Weise auflösen, daß eine Beziehung zwischen u und x hergestellt wird, welche lautet:

(9) $\quad u = \dfrac{(\gamma+1)\,x}{\gamma\,x+1}.$

Dies aber ist gerade die Formel (8) (b) für unsere schlechte Proposition X.

(9) kann aus den obigen Gleichungen folgendermaßen gewonnen werden. Wenn wir gemäß (G_5) und (G_6) für w in (G_4) und für v in (G_2) einsetzen und zugleich mit dem Nenner multiplizieren, so gewinnen wir:

(G_2^*) $\quad \gamma\,y u p_2 + u p_2 + (\gamma+1)\,y - (\gamma+1)\,y p_2 = 0,$

(G_4^*) $\quad 2\,\gamma\,z u p_2 + 2\,u p_2 + (\gamma+1)\,z - 2(\gamma+1)\,z p_2 = 0.$

Wir multiplizieren (G_2^*) mit $-(1-p_1)$ und ersetzen dabei überall $-(1-p_1)y$ gemäß (G_1) durch $p_1\,x$. Wir erhalten dadurch:

(G_2') $\quad \gamma\,u x p_1 p_2 - u(1-p_1)\,p_2 + (\gamma+1)\,x p_1 - (\gamma+1)\,x p_1 p_2 = 0.$

Analog multiplizieren wir (G_4^*) mit $-(1-2p_1)$ und ersetzen in allen Gliedern $-(1-2p_1)\,z$ gemäß (G_3) durch $2\,x p_1$. Wir erhalten dann, wenn wir außerdem durch 2 kürzen:

(G_4') $\quad 2\,\gamma\,u x p_1 p_2 - u(1-2p_1)\,p_2 + (\gamma+1)\,x p_1 - 2(\gamma+1)\,x p_1 p_2 = 0.$

Wenn man (G_2') von (G_4') subtrahiert, so erhält man:

$$\gamma\,u x p_1 p_2 + u p_1 p_2 - (\gamma+1)\,x p_1 p_2 = 0.$$

Diese Gleichung kann man durch $p_1\,p_2$ kürzen, wodurch wir die einfachere Gleichung erhalten:

$$\gamma\,u x + u - (\gamma+1)\,x = 0.$$

Hieraus aber erhält man sofort die gewünschte Gleichung (9).

Da wir von den verbliebenen 5 Fällen 3 auf den Hauptfall zurückgeführt haben, bleibt jetzt außer diesem Hauptfall nur noch ein einziger übrig, nämlich jener, bei dem X in der Präferenzordnung oberhalb G liegt. Dieser Fall kann auf den soeben besprochenen zurückgeführt werden. Wir parallelisieren das Argument des vorigen Falles, wobei wir aber diesmal nur eine einzige Zerlegung von X in X_1 und X_2 vornehmen. Wir erhalten:

$$p(X_1) = p(X_2) = 1/2 \, p(X),$$
$$P(X_1) = P(X_2) = 1/2 \, P(X).$$

Die Rangordnungen und Nutzwerte seien wieder durch eine Tabelle gegeben. Die Einordnung von $\neg X$ unterhalb von $\neg X_1$ bzw. $\neg X_2$ ergibt sich zwingend aus $\mathbf{HS_4}$, da X die doppelte Wahrscheinlichkeit von X_1 und von X_2 hat. Es ist diesmal nicht erforderlich, die Rangstelle von $\neg (X_1 \vee X_2)$ anzugeben (die entweder mit der von $\neg X_1$ identisch ist oder darunter liegt), da wir diesmal für die Berechnung nicht auf diese Formel, sondern auf $\neg X$ zurückgreifen werden.

Ordnung nach $\leqq$	nu-Werte	Nu-Werte
X, X_1, X_2	x	u
G	1	1
t	0	0
$\neg X_1$	y	v
$\neg X_2$	z	w

Jetzt können wir formal ebenso verfahren wie im vorigen Fall: Die Gleichungen (G_1) bis (G_4) ergeben sich genauso wie dort. Ebenso gewinnen wir die beiden Gleichungen (G_5) und (G_6), die aber diesmal in der Weise gerechtfertigt werden, daß wir die Gültigkeit von (8) (b) für *schlechte* Propositionen voraussetzen (in Anwendung auf $\neg X$); denn dies war ja gerade der vorige Fall. Wir können dann die Gleichungen nach demselben Verfahren wie oben auflösen und erhalten wieder die Gleichung (9), welche zeigt, daß der Zusammenhang zwischen dem nu- und dem Nu-Wert wieder genau der Formel (8) (b) entspricht. Da X in der Präferenzordnung an beliebiger Stelle oberhalb von G angenommen worden war, *bleibt also nur noch der Hauptfall übrig*. Diesem Fall wenden wir uns jetzt zu.

Hier herrscht die folgende Rangordnung:

$$G, (+ \, G)_1, \ldots, (+ \, G)_{2^n}$$
$$X$$
$$t$$
$$\neg G, (- \, G)_1, \ldots, (- \, G)_{2^n}.$$

Die im folgenden Beweis benötigten Zerlegungsglieder von G und $\neg G$ haben wir dabei bereits eingetragen. Für die Zahl n, über die wir später noch verfügen, zerlegen wir wieder gemäß $\mathbf{HS_6}$ zunächst G in die 2^n miteinander logisch unverträglichen Propositionen $(+ G)_i$ und dann analog $\neg G$ in die 2^n miteinander logisch unverträglichen Propositionen $(\neg G)_i$. Wir erhalten die folgenden Wahrscheinlichkeitsverhältnisse: $p((+ G)_i) = 1/2^n p(G); p((- G)_i) = 1/2^n p(\neg G)$ $(i = 1, \ldots, 2^n)$. Wir definieren 2^n Propositionen:

$$N_i = (+ G)_i \vee (- G)_i$$

$$i = 1, \ldots, 2^n,$$

von denen auf Grund des Beweises von $\mathbf{HS_7}$ gilt: alle N_i sind neutral; je zwei verschiedene Propositionen N_i und N_j sind miteinander logisch unverträglich; die Adjunktion der 2^n Propositionen ist eine Tautologie; die Wahrscheinlichkeiten dieser Formeln sind alle gleich groß und zwar ist wegen $p(t) = 1$ für jedes i: $p(N_i) = 1/2^n$.

Wir definieren jetzt rekursiv zwei Formelmengen. (Dabei entsprechen die Formeln $K(x, y)$ den Formeln $N(x)$ im Beweis von $\mathbf{T_9}$; denn hier wie dort handelt es sich um Adjunktionen der Formeln N_i. Daß wir jetzt zwei Stellenzahlen verwenden, ist nur dadurch motiviert, daß wir die Abhängigkeit vom Parameter 2^n explizit angeben.)

Wir nehmen die inhaltliche Erläuterung für die etwas unübersichtliche Symbolik vorweg: Die Formeln K sind als Adjunktionen neutraler Propositionen alle selbst neutral; dagegen sind die Formeln L als Adjunktionen von Zerlegungsgliedern der guten Proposition G alle gleichrangig mit G. Und zwar sind die beiden Arten von Formeln so konstruiert, daß für jede Zahl k zwischen i und 2^n die Proposition $K(k, 2^n)$ die Adjunktion *der ersten k neutralen Glieder* N_k, die Proposition $L(k, 2^n)$ dagegen die Adjunktion *der letzten $2^n - k$ guten Glieder* $(+ G)_k$ bildet. Wenn man nun die Adjunktion $K(k, 2^n) \vee L(k, 2^n)$ bildet und darin k von 0 bis 2^n wachsen läßt, so erhält man eine Folge von Propositionen, deren Nutzwert vom Wert $nu(G) = 1$ allmählich zum Nutzwert 0 absinkt, da mit wachsendem k die Zahl der neutralen Adjunktionsglieder größer, die der guten Adjunktionsglieder hingegen kleiner wird, was den Nutzwert herabdrückt. Da wir es mit dem Hauptfall zu tun haben, in welchem sich die vorgegebene Proposition X in der Rangordnung zwischen der guten Proposition G und der neutralen Tautologie t befindet, muß X *für genau ein k* in der Präferenzordnung zwischen $K(k, 2^n) \vee L(k, 2^n)$ und $K(k + 1, 2^n) \vee L(k + 1, 2^n)$ zu liegen kommen (oder mit einer solchen Adjunktion identisch sein). Durch Wahl einer hinreichend großen Zahl n kann man auf diese Weise den Nutzwert von X durch die leicht berechenbaren Nutzwerte dieser Adjunktion beliebig genau approximieren.

Diesen soeben intuitiv geschilderten Gedanken werden wir, zur Erleichterung unserer weiteren Überlegungen, im Anschluß an die folgenden Definitionen in präzisierter Gestalt in einem eigenen Lemma festhalten.

Induktive Definition von $K(x, 2^n)$:

$$K(0, 2^n) = f$$

$$K(1, 2^n) = N_1$$

$$K(i, 2^n) = N_1 \vee \ldots \vee N_i \text{ für } i = 2, \ldots, 2^n.$$

Induktive Definition von $L(x, 2^n)$:

$$L(2^n, 2^n) = f$$

$$L(2^n - 1, 2^n) = (+ G)_{2^n}$$

$$L(i, 2^n) = (+ G)_{i+1} \vee \ldots \vee (+ G)_{2^n} \text{ für } i = 0, \ldots, 2^n - 2 .$$

Wir werden nun in einem eigenen Lemma folgendes zeigen: Eine Proposition X, welche in der durch die vorgegebene Präferenzordnung festgelegten Rangordnung zwischen der Tautologie t und der guten Proposition G liegt, läßt sich durch Propositionen von der Gestalt $K(i, 2^n) \vee L(i, 2^n)$ beliebig gut approximieren; und zwar gilt beim Grenzübergang $n \to \infty$ sogar die Gleichheit der nu-Werte. Daß die für jedes n wählbare Zahl i durch n eindeutig bestimmt ist, drücken wir durch die übliche funktionelle Schreibweise aus, d. h. wir schreiben „$i(n)$" statt „i".

Lemma (a) *X sei eine Proposition, welche die Bedingung $t < X < G$ erfüllt. Dann gibt es für jede natürliche Zahl n genau eine natürliche Zahl $i(n)$, so daß gilt:*

$$nu[K(i(n) + 1, 2^n) \vee L(i(n) + 1, 2^n)] \leq nu(X)$$

$$\leq nu[K(i(n), 2^n) \vee L(i(n), 2^n)]$$

(b) $nu(X) = \lim_{n \to \infty} nu(K(i(n), 2^n) \vee L(i(n), 2^n))$.

Wir beweisen zunächst einige elementare Aussagen, wobei wir zur Vereinfachung der Schreibweise die folgenden Abkürzungen verwenden: „p" für „$p(G)$"; „P" für „$P(G)$"; „$f(n)$" für „$i(n)/2^n$"; „$M(i, 2^n)$" für „$K(i, 2^n) \vee L(i, 2^n)$" (mit „i" statt „$i(n)$"). Wenn kein Mißverständnis zu befürchten ist, so schreiben wir gelegentlich auch einfach „K" statt „$K(i(n), 2^n)$", „L" statt „$L(i(n), 2^n)$" und „M" bzw. „$M(i)$" statt „$M(i(n), 2^n)$"[31].

(10) $p(K(i(n), 2^n) = \dfrac{i(n)}{2^n} = f(n)$;

denn der erste Ausdruck ist nach zweimaliger Anwendung des

---

[31] Genau genommen dürften wir die Schreibweise „$i(n)$" erst am Schluß benützen, wenn nämlich die Existenz und eindeutige Abhängigkeit des i vom n bewiesen ist.

Additionsprinzips überführbar in: $\sum\limits_{k=1}^{i} p((+\,G)_k) + \sum\limits_{k=1}^{i} p((-\,G)_k)$

$$= \frac{i\,(n)}{2^n}\,p\,(G) + \frac{i\,(n)}{2^n}\,p(\neg\,G) \text{ (nach } \mathbf{HS_6})$$

$$= \frac{i\,(n)}{2^n}\,p(G \vee \neg\,G) = \frac{i\,(n)}{2^n}\,.$$

(11) $K(i, 2^n)$ ist für beliebiges n und für beliebiges $i \le 2^n$ neutral, d.h. es gilt: $nu(K) = 0$. (Beweis analog zu dem entsprechenden Beweis für die Formeln $N(i)$ innerhalb des Lemmas zu $\mathbf{T_9}$.)

(12) $p(L(i(n),\,2^n) = \left(1 - \frac{i\,(n)}{2^n}\right)p = (1 - f(n))\,p$;

denn zum Unterschied von K ist L eine Adjunktion, die nur aus Plusgliedern besteht, weshalb das spezielle Additionstheorem direkt auf die Adjunktion anwendbar ist, deren $2^n - i$ Glieder alle die Wahrscheinlichkeit $1/2^n p(G)$ haben.

(13) $nu(L(j(n),\,2^n) = nu(L) = 1$ für $j = 1, \ldots, 2^n - 1$;

denn für $j = 2^n - 1$ ergibt sich direkt der Wert $nu(G) = 1$; für jedes $j < 2^n - 1$ ergeben die Berechnungen nach $\mathbf{P_4}$ einen Bruch, dessen Zähler mit dem Nenner identisch ist, da die nu-Werte alle gleich $nu(G) = 1$ sind.

(14) $p(M) = p(K) + p(L) = f(n)\,(1 - p) + p$ (nach (10 und (12)).

(15) $nu(M) = \dfrac{nu(K)\,p(K) + nu(L)\,p(L)}{p(K) + p(L)}$ (nach $\mathbf{P_4}$)

$$= \frac{p(L)}{p(K) + p(L)} \text{ (nach (11) und (13))}$$

$$= \frac{(1 - f(n))\,p}{f(n) + (1 - f(n))\,p} \text{ (nach (10) und (12)).}$$

(16) $nu(M(i)) > nu(M(i + 1))$ für $i = 0, \ldots, 2^n - 1$;

denn wenn wir in (15) Zähler und Nenner mit 2^n multiplizieren, so erhalten wir: $nu(M(i)) = \dfrac{(2^n - i)\,p}{i + (2^n - i)\,p}$; und dieser Wert fällt monoton mit wachsendem i, da der Zähler sukzessive abnimmt, während der Nenner größer wird (da $p \ne 1$). Daß die Behauptung auch für die Grenzfälle mit $i = 0$ und $i = 2^n$ gilt, ergibt sich so: Für $i = 0$ ist das K-Glied mit dem Adjunktionsglied $K(0, 2^n) = f$ identisch und kann vernachlässigt werden; $L(0, 2^n)$ ist logisch äquivalent mit G und hat daher den nu-Wert 1. Ist das Argument hingegen gleich 2^n, so kann diesmal das mit f identische L-Glied vernachlässigt werden, so daß nur die Adjunktion der K-Glieder zum Zuge kommt und einen nu-Wert 0 liefert.

(17) $0 < p < 1$ (nach der Gütebedingung und $\mathbf{HS_3}$)

(18) $0 \le f(n) \le 1$ (da i nur von 1 bis 2^n läuft)

Der Beweis von Teil (a) des Lemmas ergibt sich jetzt aus (16): Da die
nu-Werte von $M(i)$ monoton fallen, beginnend mit dem nu-Wert 1 für G
und endend mit dem nu-Wert 0 für K, muß der im Hauptfall zwischen 0
und 1 liegende Wert $nu(X)$ für genau ein i in das abgeschlossene Intervall
$[nu(M(i)), nu(M(i+1))]$ hineinfallen.

Durch Wahl eines hinreichend großen n kann man die Abstände zwischen
den M-Gliedern beliebig klein machen und $nu(X)$ auf diese Weise durch
Werte $nu(M(i))$ mit beliebiger Genauigkeit approximieren. Daß man dadurch beim Grenzübergang *genau* den Wert $nu(X)$ erhält, besagt der noch
zu beweisende Teil (b) des Lemmas.

Gelegentlich werden wir auf die im Hauptfall geltende Ungleichung
zurückgreifen:

(19) $0 < nu(X) < 1$.

Die zweite Ungleichung von (a) lautet nach (15):

$$nu(X) \leq \frac{(1 - f(n))\, p}{f(n) + (1 - f(n))\, p}$$

(wegen (17) und (18) sind Zähler und Nenner beide > 0).
Durch einfache Umformung ergibt sich:

$$f(n)\,(nu(X) - p \cdot nu(X) + p) \leq p - p \cdot nu(X)$$

oder:

$$f(n) \leq \frac{p(1 - nu(X))}{p + (1 - p)\, nu(X)} \quad \text{(da der Nenner wegen (17) und (19)} > 0 \text{ ist)}$$
oder:

$$f(n) \leq \frac{1 - nu(X)}{1 + \dfrac{1 - p}{p}\, nu(X)}\ .$$

Wenn wir für den rechten Ausdruck die Abkürzung „A" verwenden,
so erhalten wir also:

(20) $f(n) \leq A > 0$.

Man beachte, daß A von n unabhängig ist.

Jetzt gehen wir zur ersten Ungleichung von (a) zurück. Und zwar
splittern wir das jeweils letzte Adjunktionsglied des K- und L-Ausdruckes
ab und fassen diese Glieder durch Umstellung zusammen; d. h. wir benützen
die logische Äquivalenz von:

$$K(i(n) + 1, 2^n) \vee L(i(n) + 1, 2^n)$$
und:
$$K(i(n), 2^n) \vee L(i(n), 2^n) \vee \underbrace{(+ G)_{i(n)+1} (- G)_{i(n)+1}}_{N_{i(n)+1}} \vee (+ G)_{i(n)+1}$$

oder:

$$M \vee N_{i(n)+1} \vee (+ G)_{i(n)+1}.$$

Darauf wenden wir nun $\mathbf{P_4}$ an. Wir bedenken dabei, daß für jedes N_j der nu-Wert gleich 0 ist, der p-Wert hingegen (wegen $p(\neg G) = 1 - p$) $1/2^n p + 1/2^n (1 - p) = 1/2^n$ beträgt. Außerdem beachten wir, daß wegen (14), (15) und (12) gilt:

$$nu(M)p(M) = \frac{p(L)}{p(K) + p(L)} (p(K) + p(L)) = p(L) = (1 - f(n))p,$$

daß $p(M)$ durch (14) bestimmt ist und daß der nu-Wert jedes Plusgliedes mit $nu(G) = 1$ identisch ist. Die erste Ungleichung des Lemmas verwandelt sich dadurch in:

$$(21) \quad \frac{(1 - f(n))p + \dfrac{1}{2^n}p}{f(n)(1 - p) + p + \dfrac{1}{2^n}(1 + p)} \leq nu(X).$$

Durch Umformung erhält man daraus:

(22) $p(1 - nu(X)) - 1/2^n [nu(X)(1 + p) - p] \leq f(n)[nu(X)(1 - p) + p]$.

Wenn man die beiden Seiten durch $[nu(X)(1 - p) + p]$ dividiert, die obige Abkürzung A benützt und außerdem „B" für den von n unabhängigen Bruch „$\dfrac{nu(X)(1 + p) - p}{nu(X)(1 - p) + p}$" schreibt, so gewinnt man aus (20) und (22):

(23) $A - \dfrac{1}{2^n}B \leq f(n) \leq A$.

Da für den konstanten Wert B gilt: $\lim\limits_{n \to \infty} \dfrac{1}{2^n}B = 0$, erhalten wir daraus das Zwischenresultat:

(24) $\lim\limits_{n \to \infty} f(n)$ existiert und zwar ist: $\lim\limits_{n \to \infty} f(n) = \lim\limits_{n \to \infty} \dfrac{i(n)}{2^n} = A$

     (mit der obigen Abkürzung A).

Die zweite Teilbehauptung des Lemmas gewinnt man nun aus:

(25) (a) $\lim\limits_{n \to \infty} [nu(M) - nu(X)] = 0$.

     (b) $\lim\limits_{n \to \infty} \{nu(M) - nu[K(i(n) + 1, 2^n) \vee L(i(n) + 1, 2^n)]\} = 0$.

     (c) $\lim\limits_{n \to \infty} \{nu(X) - nu[K(i(n) + 1, 2^n) \vee L(i(n) + 1, 2^n)]\} = 0$.

Die drei Behauptungen schließen die Behauptung der Existenz des jeweiligen Limes ein. (c) ist eine Folge von (a) und (b), so daß nur die beiden ersten Gleichungen zu beweisen sind. Aus (17), (20) und (24) folgt, daß $\lim\limits_{n \to \infty}(1 - f(n))p$ und $\lim\limits_{n \to \infty}[f(n) + (1 - f(n)p]$ existieren und daß der zweite Wert größer als 0 ist. Also existiert auch $\lim\limits_{n \to \infty} nu(M) = \lim\limits_{n \to \infty} \dfrac{(1 - f(n))p}{f(n) + (1 - f(n))p}$.

Daraus ergibt sich:

$$\lim_{n \to \infty} [nu(M) - nu(X)] = \lim_{n \to \infty} nu(M) - nu(X)$$

$$= \lim_{n \to \infty} \frac{(1 - f(n))\,p}{f(n) + (1 - f(n))\,p} - nu\,(X) = \frac{(1 - A)\,p}{A(1 - p) + p} - nu\,(X)$$

$$= \frac{p + (1 - p)\,nu(X) - p + p \cdot nu(X)}{(1 - nu(X))(1 - p) + p + (1 - p)\,nu(X)} - nu\,(X) = nu(X) - nu(X) = 0.$$

Damit ist (25) (a) bewiesen.

Beweis von (b): Nach (15) und dem Beweis von (21) ist (25) (b) gleich:

$$\lim_{n \to \infty} \left\{ \frac{(1 - f(n))\,p}{f(n) + (1 - f(n))\,p} - \frac{(1 - f(n))\,p + 1/2^n\,p}{f(n) + (1 - f(n))\,p + 1/2^n\,(1 + p)} \right\} = 0,$$

da $\lim\limits_{n \to \infty} \dfrac{1}{2^n}\,p = \lim\limits_{n \to \infty} \dfrac{1}{2^n}\,(1 + p) = 0$.

Mit (25) (c) ist der Teil (b) des Lemmas bewiesen.

Wir können jetzt den Beweis von T_{10}, (II) beenden. Wir erinnern uns daran, daß es genügt, (8) (b) zu beweisen. Wir zeigen, daß gilt:

$$(26) \quad Nu(X) = \frac{g\,nu(X)}{(g - 1)\,nu(X) + 1} \text{ mit } g = \frac{P\,(G)}{p(G)} \left(= \frac{P}{p} \right).$$

((8) (c) ist damit ebenfalls erfüllt, da $g > 0$, also $\gamma = g - 1 > -1$.)
„M" habe wieder die obige Bedeutung. Da die Aussage (15) für P ebenso gilt wie für p (denn dafür werden nur die Neutralität von K sowie die Gleichrangigkeit von G und L benützt), erhalten wir:

$$(27) \quad \text{(a)}\ nu(M) = \frac{p(L)}{p(K) + p(L)}.$$

$$\text{(b)}\ Nu(M) = \frac{P(L)}{P(K) + P(L)}.$$

Ferner gewinnen wir wegen der Gleichrangigkeit von G und L nach T_8:

$$(28) \quad \frac{P\,(G)}{p(G)} = \frac{P(L)}{p(L)}$$

und wegen der Neutralität von K nach T_9:

$$(29) \quad p(K) = P(K).$$

Wir lösen (27) (a) nach $p(K)$ und (27) (b) nach $P(K)$ auf; wegen (29) können wir die dabei gewonnenen Formeln miteinander identifizieren:

$$(30) \quad \frac{p(L)\,(1 - nu(M))}{nu(M)} = \frac{P(L)\,(1 - Nu(M))}{Nu(M)}.$$

Durch einfache Umformung und Benützung von (28) erhalten wir:

$$(31) \quad \frac{Nu(M)}{nu(M)}\,\frac{(1 - nu(M))}{(1 - Nu(M))} = \frac{P(G)}{p(G)}.$$

Mit der obigen Abkürzung $g = P(G)/p(G)$ gewinnen wir durch sukzessive einfache Umformungen die Gleichungen:

$$Nu(M)\left(\frac{1 - nu(M))}{nu(M)}\right) = g - g \cdot Nu(M); \quad Nu(M)\left(g + \frac{1 - nu(M)}{nu(M)}\right) = g;$$

$$Nu(M)\left(\frac{(g-1)\,nu(M) + 1}{nu(M)}\right) = g,$$

woraus folgt:

$$(32) \quad Nu(M) = \frac{g \cdot nu(M)}{(g-1)\,nu(M) + 1}.$$

Diese Gleichung hat bereits die Struktur der gesuchten Gleichung (26), allerdings mit M statt X. Unter Benützung von Teil (**b**) des Lemmas gelingt die Überführung in (26) ohne Mühe. Dazu bedenken wir: (32) ist strenggenommen ein unendliches Gleichungsschema, welches für jedes n gilt. Falls $(g-1) \lim_{n \to \infty} nu(M) + 1 \neq 0$, folgt daher nach (**b**):

$$Nu(X) = \lim_{n \to \infty} Nu(M) = \lim_{n \to \infty} \frac{g \cdot nu(M)}{(g-1)\,nu(M) + 1} \text{ (nach (32))}$$

$$= \frac{g \cdot \lim_{n \to \infty} nu(M)}{(g-1)\lim_{n \to \infty} nu(M) + 1} = \frac{g \cdot nu(X)}{(g-1)\,nu(X) + 1},$$

also tatsächlich die Gleichung (26).

Daß die dabei vorausgesetzte obige Ungleichung wirklich gilt, erkennt man so: Wäre $(g-1) \lim_{n \to \infty} nu(M) + 1 = 0$, so wäre $\lim_{n \to \infty} nu(M) = \frac{1}{1 - g}$
$= \frac{p}{p - P}$. Aus (32) folgt für jedes n:

$$Nu(M)\,[(g-1)\,nu(M) + 1] = g \cdot nu(M),$$

und daher auch:

$$\lim_{n \to \infty} Nu(M)\,[(g-1)\lim_{n \to \infty} nu(M) + 1] = \frac{P}{p} \lim_{n \to \infty} nu(M),$$

also ergäbe sich nach Einsetzung der obigen Werte:

$$Nu(X) \cdot 0 = 0 = \frac{P}{p - P}.$$

$P(G) = 0$ steht jedoch wegen der Gütebedingung mit **HS₃** in Widerspruch.

Damit ist auch der zweite Teil des Eindeutigkeitstheorems vollständig bewiesen.

7.f Zur Frage der Wünschbarkeitsgrenzen. Die Wünschbarkeitstransformationen hatten eine auf den ersten Blick überraschende Konsequenz: Selbst wenn die Nutzwerte zweier nicht neutraler Propositionen vor und nach der Transformation miteinander übereinstimmen, so stimmen deshalb noch nicht die Nutzwerte aller Propositionen vor und nach der Transformation miteinander überein.

Dieses Ergebnis war ein Nebenresultat der durch unsere beiden Normierungen erzielten Vereinfachung der zu Beginn von 7.e beschriebenen Transformationen (**TR₁**) und (**TR₂**). Die in Formel (7) von 7.e beschriebene Normierung, wonach die Tautologie *immer* (d. h. in jeder Nutzenskala) den Wert 0 und die gute Proposition *immer* den Wert 1 erhält, führte zu der in (8) (a)—(c) von 7.e festgehaltenen Vereinfachung. Wie die Formel (8) (b) lehrt, gilt *nicht* für alle Propositionen X:

$$Nu(X) = nu(X),$$

nämlich immer dann nicht, wenn $\gamma \neq 0$. (8) (a) lehrt überdies, daß eine analoge negative Feststellung bezüglich der Wahrscheinlichkeiten gilt.

Über die Zahl γ (und damit auch über die Zahl α) kann man zunächst nur die generelle Aussage machen, daß sie durch die Wahrscheinlichkeitsverhältnisse der guten Proposition G eindeutig festgelegt ist. Denn wenn man in (8) (a) von 7.e G für X einsetzt, so erhält man:

$$\alpha = \gamma + 1 = \frac{P(G)}{p(G)}.$$

Um ein deutlicheres Bild von der Situation zu gewinnen, müssen wir *die Frage nach den Wünschbarkeitsgrenzen* stellen. Rein logisch betrachtet, gibt es vier Möglichkeiten:

(*a*)   die *nu*-Werte sind sowohl nach oben als auch nach unten beschränkt;
(*b*)   die *nu*-Werte sind nach oben unbeschränkt, nach unten beschränkt;
(*c*)   die *nu*-Werte sind nach oben beschränkt, nach unten unbeschränkt;
(*d*)   die *nu*-Werte sind sowohl nach oben als auch nach unten unbeschränkt.

(Man beachte, daß natürlich auch die drei ersten Fälle damit verträglich sind, daß es zu jeder Proposition eine schlechtere gibt und daß zu jeder Proposition eine bessere existiert.)

Wenn wir eine Terminologie aus der Analysis übernehmen und die kleinste obere Schranke der *nu*-Werte als das *Supremum s* dieser *nu*-Werte bezeichnen und die größte untere Schranke der *nu*-Werte das *Infimum i* nennen, so sind die vier Fälle durch Paare von Gleichungen und Ungleichungen bestimmt: nämlich: (*a*) $s \neq +\infty$, $i \neq -\infty$; (*b*) $s = +\infty$, $i \neq -\infty$; (*c*) $s \neq +\infty$, $i = -\infty$; (*d*) $s = +\infty$, $i = -\infty$.

Die Nutzentransformation (**TR₂**), zusammen mit den beiden Normierungsbedingungen sowie der Bedingung (*b*) im ersten Teil des Eindeutigkeitstheorems (**T₁₀**, (**I**) (b)), hat die Gültigkeit der Ungleichung zur Folge:

(1) $\gamma\, nu(X) > -1$ für jedes X.

Dies führt sofort zu dem Ergebnis, *daß im vierten Fall* (mit nach oben und unten unbeschränkten Nutzwerten) *die beiden numerischen Funktionen nu und p eindeutig durch die Präferenzordnung festgelegt sind.* Denn einerseits kann wegen $i = -\infty$ *kein noch so kleiner konstanter positiver Wert γ* die Gültigkeit von (1) für beliebiges X garantieren; andererseits kann wegen $s = +\infty$ *kein noch so kleiner konstanter negativer Wert γ* die Gültigkeit von (1) garantieren. Also muß in diesem Fall $\gamma = 0$ sein, und damit ist stets sowohl $nu(X) = Nu(X)$ als auch $p(X) = P(X)$.

In den anderen Fällen kann man nur eine obere und eine untere Schranke für γ angeben. Aus (1) folgt für jede gute Proposition X: $\gamma > -1/nu(X)$, also auch: $\gamma \geq -1/s$. Wenn X schlecht ist, so ergibt sich aus (1): $\gamma < -1/nu(X)$, also auch: $\gamma \leq -1/i$. Insgesamt haben wir also[32]:

(2) $-1/s \leq \gamma \leq -1/i$.

7.g Die Lösung des Metrisierungsproblems. Für die folgenden Überlegungen machen wir eine zusätzliche, relativ schwache Voraussetzung: daß unter den Paaren von Wahrscheinlichkeits- und Nutzenfunktionen p, nu, welche die rationale Präferenzbedingung bezüglich einer vorgegebenen Präferenzordnung $\leq$ erfüllen, mindestens ein Paar vorkommt, für welches die *nu*-Werte *nach oben hin nicht beschränkt* sind.

Leider müssen wir, wie bereits in der Einleitung erwähnt, eine unschöne Komplikation in Kauf nehmen, die in der Annahme einer weiteren Voraussetzung ihren Niederschlag findet: Es gibt eine Folge $(Y_i)_{i \in \mathbb{N}}$ guter Propositionen mit nach oben unbeschränkten Nutzwerten, so daß die Nutzwerte der Negation $nu(\neg Y_i)$ für $i \to \infty$ gegen 0 konvergieren. Von dieser weiteren Annahme wird erst am Ende des Beweises, unterhalb der Formel (19) Gebrauch gemacht.

Anmerkung. Von den beiden Bedingungen $\lim (1/nu(Y_s)) = 0$ und $\lim (nu(\neg Y_s)) = 0$ bedeutet die zweite, wie Herr Dr. A. KAMLAH festgestellt hat, keine Einschränkung der Allgemeinheit. Denn wenn immer eine Folge von Propositionen U_s mit $\lim (1/nu(U_s)) = 0$ und $nu(\neg U_s) \neq 0$ für alle s existiert, läßt sich auf Grund der früheren Ergebnisse eine Folge Y_s konstruieren, welche beide eben genannten Bedingungen erfüllt.

Nach **HS₆** läßt sich nämlich zu jeder Proposition A mit $nu(A) \neq 0$ und $nu(\neg A) \neq 0$ eine Folge von Propositionen B_i konstruieren mit $nu(B_i) = nu(A)$ und $p(B_i) = p(A)/2^i$. Die Nutzwerte der Negationen von B_i konvergieren nun rasch gegen 0. Denn aus **T₆(a)** läßt sich mit der Normierung (**F₁**): $nu(t) = 0$ für B_i ableiten, daß:

$$nu(\neg B_i) = -nu(B_i)\,p(B_i)/p(\neg B_i) = -nu(A)\,p(A)/(2^i(1 - p(A))/2^i)$$
$$= nu(A)\,p(A)/(p(A) - 2^i).$$

Eine einfache Abschätzung ergibt:

$$|nu(\neg B_i)| \leq nu(A)\,p(A)/(p(A)(2^i - 1)) = nu(A)/(2^i - 1)\,.$$

Für hinreichend großes i ist aber: $2^{i-1} \leq 2^i - 1$, so daß für ein hinreichend großes i gilt: $|nu(\neg B_i)| \leq nu(A)/2^{i-1}$.

Dieses Resultat können wir auf die Glieder der Folge U_s anwenden, zu denen wir nach dem soeben geschilderten Verfahren Propositionen $U_{s,i}$ konstruieren mit

---

[32] Für geometrische Veranschaulichungen vgl. R. JEFFREY, [Decision], S. 90f.

$nu(U_{s,i}) = nu(U_s)$ und $|nu(\neg U_{s,i})| \leq 2\,nu(U_s)/2^i$. Aus der Doppelfolge $U_{s,i}$ läßt sich unschwer eine Folge auswählen, die beide Bedingungen erfüllt: Es sei $Y_s = U_{s,i}$ mit i als der kleinsten ganzen Zahl, die größer ist als $2 \cdot {}^2\!\log(nu(U_s))$. („${}^2\!\log$" bezeichnet dabei wie üblich den Logarithmus zur Basis 2.) Die Folge $nu(\neg Y_s)$ konvergiert dann mindestens ebenso schnell gegen 0 wie die Folge $2/nu(Y_s)$;   denn $|nu(\neg Y_s)| \leq 2\,nu(U_s)/(2^{2\,{}^2\!\log(nu(U_s))}) = 2\,nu(U_s)/(nu(U_s)^2 = 2/nu(U_s) = 2/nu(Y_s)$.

Unser Problem kann dann wie folgt formuliert werden: Gegeben sei eine Präferenzrelation $\leqq$, die außerdem eine *Präferenzordnung* ist, d.h. welche die Axiome $\mathbf{A}_1$ und $\mathbf{A}_2$ erfüllt. Unsere Aufgabe besteht darin, *zwei Funktionen p und nu zu finden, welche bezüglich $\leqq$ die rationale Präferenzbedingung erfüllen.* Wir bezeichnen dieses Problem als *das Metrisierungsproblem.*

Für die Lösung dieser Aufgabe setzen wir folgendes voraus: Erstens daß die Körperbedingung, die Gütebedingung und die Zerlegbarkeitsbedingung erfüllt sind; zweitens daß es ein Paar von Funktionen p, nu — und daher wegen des Eindeutigkeitssatzes von 7.e eine unendliche Menge solcher Paare — gibt, welche bezüglich $\leqq$ die rationale Präferenzbedingung erfüllen; drittens daß die im ersten und zweiten Absatz dieses Unterabschnittes angeführten Bedingungen gelten.

Entsprechend dem Verfahren von Jeffrey zerlegen wir die Lösung in zwei Teile. Zunächst zeigen wir: Das Metrisierungsproblem ist unter der Voraussetzung lösbar, daß wir bereits drei nu-Werte der von uns gesuchten Funktion nu kennen. In einem zweiten Schritt wird die Gültigkeit dieser Voraussetzung bewiesen, d.h. es wird gezeigt, wie wir zu drei solchen Werten gelangen können.

Nun ist die Voraussetzung tatsächlich schwächer als es soeben formuliert wurde. Da wir ja generell die beiden Festsetzungen $(\mathbf{F}_1)$ und $(\mathbf{F}_3)$ machen, wonach $nu(t) = 0$ und $nu(G) = 1$, d.h. die Tautologie den Nutzwert 0 und die gute Proposition G den Nutzwert 1 hat, braucht nur noch der Nutzwert einer dritten Proposition vorausgesetzt zu werden. Über diese dritte Proposition machen wir die spezielle Annahme, daß ihr Nutzwert in der nu-Skala den Wert 1/2 einnimmt. Wir vollziehen also den folgenden *Reduktionsschritt:* Außer der Tautologie t und der guten Proposition G gebe es noch eine Proposition C, so daß insgesamt gilt:

(*a*) $nu(t) = 0$;

(*b*) $nu(G) = 1$;

(*c*) $nu(C) = 1/2$.

Wir weisen nach, daß unter dieser Annahme das Metrisierungsproblem zu lösen ist. Später zeigen wir, wie eine die Bedingung (*c*) erfüllende Proposition C tatsächlich gefunden werden kann, so daß wir uns von der in diesem Reduktionsschritt gemachten weiteren Voraussetzung nachträglich wieder befreien.

Der *erste Schritt* besteht darin zu zeigen, wie wir unter der zusätzlichen Annahme (*c*) die Wahrscheinlichkeit der guten Proposition G mit beliebiger Genauigkeit bestimmen können. Dazu wenden wir wieder $\mathbf{HS_6}$ auf die beiden Propositionen G und $\neg G$ an. Die gewünschte beliebige Genauigkeit erreichen wir durch Wahl eines hinreichend großen n. Wir erhalten dadurch einerseits eine Zerlegung von G in 2^n gleichwahrscheinliche Propositionen, die gleichrangig mit G sind, andererseits eine Zerlegung von $\neg G$ in 2^n gleichwahrscheinliche Propositionen, die alle mit $\neg G$ gleichrangig sind, d.h. anschaulich:

$$G, (+\,G)_1, \ldots, (+\,G)_{2^n}$$

$$t$$

$$\neg G, (-\,G)_1, \ldots, (-\,G)_{2^n},$$

wobei gilt:

(1) (a) $p((+\,G)_i) = \dfrac{1}{2^n}\,p(G)$ für $i = 1, \ldots, 2^n$;

    (b) $p((-\,G)_i) = \dfrac{1}{2^n}\,p(\neg G)$ für $i = 1, \ldots, 2^n$;

(2) (a) $nu((+\,G)_i) = nu(G)$ für $i = 1, \ldots, 2^n$;

    (b) $nu((-\,G)_i) = nu(\neg G)$ für $i = 1, \ldots, 2^n$.

Wie im Beweis von $\mathbf{HS_7}$ definieren wir 2^n neutrale Propositionen, von denen je zwei miteinander logisch unverträglich sind:

$$N_i = (+\,G)_i \lor (-\,G)_i \text{ für } i = 1, \ldots, 2^n.$$

Es gilt:

(3) (a) $nu(N_i) = 0$ für $i = 1, \ldots, 2^n$;

    (b) $p(N_i) = \dfrac{1}{2^n}$ für $i = 1, \ldots, 2^n$.

(Vgl. (1) und (4) im Beweis von $\mathbf{HS_7}$.)

Wenn wir k dieser Propositionen adjunktiv miteinander verknüpfen, also $N_{i_1} \lor N_{i_2} \lor \cdots \lor N_{i_k}$ bilden, so erhalten wir nach $\mathbf{P_4}$ abermals eine neutrale Proposition mit dem nu-Wert 0 und (wegen der logischen Unverträglichkeit der N_i miteinander) der Wahrscheinlichkeit $\dfrac{k}{2^n}$.

Wir definieren jetzt für jedes i von 0 bis 2^n (ähnlich wie im Beweis des Lemmas von 7.e) Formeln $M(i, 2^n)$ als Adjunktion der ersten i neutralen Glieder N_i mit den restlichen $2^n - i$ Plusgliedern $(+\,G)_j$. Die genaue Definition lautet:

$$\mathrm{M}(i, 2^n) = N_1 \lor N_2 \lor \cdots \lor N_i \lor (+\,G)_{i+1} \lor \cdots \lor (+\,G)_{2^n}$$

(Für $i = 0$ fehlen neutrale Glieder und für $i = 2^n$ reduziert sich die Formel auf die Adjunktion der 2^n neutralen Glieder.)

Die Voraussetzungen für die Anwendung von P_4 sind gegeben: Die ersten i Glieder liefern keinen Beitrag zum nu-Wert, die letzten $(2^n - i)$ Glieder liefern den Beitrag $1/2^n (2^n - i) p(G)$, da sie alle den nu-Wert 1 haben; im Nenner steht die Summe ihrer Wahrscheinlichkeiten. Da die Adjunktionsglieder alle miteinander logisch unverträglich sind, kann man das Additionsprinzip anwenden. Insgesamt erhalten wir analog zu früher:

$$(4) \quad (a) \quad nu(M(i, 2^n)) = \frac{(2^n - i) p(G)}{i + (2^n - i) p(G)} \text{ für } i = 0, \ldots, 2^n;$$

$$(b) \quad p(M(i, 2^n)) = \frac{i + (2^n - i) p(G)}{2^n} \text{ für } i = 0, \ldots, 2^n.$$

Wir machen jetzt eine Fallunterscheidung:

1. Fall: Wir finden ein n und ein i, so daß $M(i, 2^n)$ gleichrangig ist mit der in unserem Reduktionsschritt vorausgesetzten Proposition C. Dann können wir den Wert von (4) (a) gleich 1/2 setzen und erhalten durch Auflösung nach $p(G)$:

$$(5) \quad p(G) = \frac{i}{2^n - i}.$$

Damit haben wir die Wahrscheinlichkeit von G bereits gefunden.

2. Fall: Die günstige Bedingung des ersten Falles sei nicht erfüllt. Wir stellen sofort wieder fest, daß die nu-Werte von $M(i, 2^n)$ für $i = 0$ den höchsten Wert 1, für $i = 2^n$ den niedrigsten Wert 0 liefern und im übrigen mit wachsendem i fallen. Wir können daher eine Zahl k mit $0 < k < 2^n$ finden, für die gilt:

$$nu(M(k, 2^n)) > \frac{1}{2} > nu(M(k + 1, 2^n))$$

Wegen (4) (a) ist dies gleichwertig mit:

$$\frac{(2^n - k) p(G)}{k + (2^n - k) p(G)} > \frac{1}{2} > \frac{(2^n - k - 1) p(G)}{k + 1 + (2^n - k - 1) p(G)}$$

und dies wieder mit

$$(6) \quad \frac{k + 1}{2^n - k - 1} > p(G) > \frac{k}{2^n - k}$$

(die zweite Ungleichung geht aus der ersten der beiden vorangehenden hervor und die erste aus der zweiten vorangehenden und zwar jeweils durch Ausmultiplikation und Streichung eines rechts und links von „$>$" vorkommenden Gliedes.)

Man erkennt leicht, daß das durch (6) charakterisierte offene Intervall durch Wahl eines hinreichend großen n beliebig klein gemacht werden kann. Dazu haben wir bloß zu bedenken, daß für $k = k(n)$ nach dem Beweis der Formel (24) von 7.e der Grenzwert $\lim\limits_{n \to \infty} \frac{k(n)}{2^n}$ existiert. Wenn wir diesen Grenzwert A nennen, so läßt sich das Intervall umformen in:

$$\frac{k+1}{2^n-k-1} - \frac{k}{2^n-k} = \frac{k/2^n}{1-k/2^n-1/2^n} + \frac{1/2^n}{1-k/2^n-1/2^n} - \frac{k/2^n}{1-k/2^n}$$

(Teilung von Zähler und Nenner durch 2^n).

Für $n \to \infty$ verschwindet der Zähler des mittleren Gliedes, während der Nenner von 0 verschieden bleibt; damit verschwindet dieses mittlere Glied. Die Differenz der beiden verbleibenden Glieder konvergiert wegen $\lim\limits_{n\to\infty} \frac{1}{2^n} = 0$ gegen $\frac{A}{1-A} - \frac{A}{1-A} = 0$.

Damit ist der erste Schritt, die Bestimmung der Wahrscheinlichkeit von G, beendet.

In einem *zweiten Schritt* bestimmen wir nun, ebenfalls mit beliebiger Genauigkeit, Nutzen und Wahrscheinlichkeit einer beliebig vorgegebenen Proposition X, die allerdings keine Nullproposition sein soll[33]. In einer Fallunterscheidung machen wir, ähnlich wie an früheren Stellen, von dem Rangverhältnis Gebrauch, in welchem X zur Tautologie t und zur guten Proposition G steht.

1. und 2. Fall: X ist entweder gleichrangig mit t oder mit G. Als die beiden Nutzwerte ergeben sich dann $nu(X) = 0$ bzw. $nu(X) = 1$. Im ersten Fall ist der *Wert* $p(X)$ durch $\mathbf{T_9}$ (und die *Ermittlung* dieses Wertes durch das im Beweis dieses Theorems entwickelte Verfahren) bestimmt. Im zweiten Fall sind die Bedingungen von $\mathbf{T_8}$ erfüllt und man kann das Verhältnis $p(X)/p(G)$ mit beliebiger Genauigkeit ermitteln. Da der Wert $p(G)$ im ersten Schritt ermittelt wurde, ergibt sich daraus der Wahrscheinlichkeitswert für X.

3. Fall: X ist schlecht, d. h. X kommt in der Präferenzordnung unterhalb von t vor. Wir können uns dann auf die Bestimmung von $nu(\neg X)$ und $p(\neg X)$ beschränken. Diese ist entweder unter die bereits beschriebenen ersten beiden Fälle oder auf die beiden noch ausstehenden Fälle (d. h. wenn $\neg X$ oberhalb von G oder zwischen G und t liegt) reduzierbar. Als Wert $p(X)$ ergibt sich dann $1 - p(\neg X)$ und der Wert $nu(X)$ ist nach $\mathbf{T_7}$ (mit $\neg X$ für X) durch diese drei bereits ermittelten Werte $nu(\neg X)$, $p(\neg X)$ und $p(X)$ bestimmt.

4. Fall: X steht in der Präferenzordnung oberhalb von G. Wir machen nun mit X genau dasselbe, was wir im Beweis von $\mathbf{HS_7}$ mit G getan haben: Wir zerlegen X sowie $\neg X$ in eine gleich große Anzahl 2^n von Gliedern, die wir wieder die Plusglieder $(+ X)_i$ sowie die Minusglieder $(- X)_i$ nennen. (Es sei daran erinnert, daß gilt: $nu((+ X)_i) = nu(X)$; $p((+ X)_i) = 1/2^n\, p(X)$; analog für die Minusglieder im Verhältnis zu $\neg X$.) In der

---

[33] Von Nullpropositionen wissen wir nach $\mathbf{HS_8}$, daß sie die Wahrscheinlichkeit 0 haben. Aus dem Beweis dieses Hilfssatzes ergab sich ferner, daß wir ein effektives Verfahren besitzen, um zu entscheiden, ob eine Proposition eine Nullposition ist.

uns schon bekannten Weise definieren wir 2^n neutrale Glieder:

$$N_i = (+ X)_i \vee (- X)_i \text{ für } i = 1, \ldots, 2^n,$$

für die auch die übrigen Aussagen von **HS₇** gelten.

Ebenso definieren wir in Analogie zum früheren M für $i = 0, \ldots, 2^n$:

$$Q(i, 2^n) = N_1 \vee N_2 \vee \cdots \vee N_i \vee (+ X)_{i+1} \vee \cdots \vee (+ X)_{2^n}$$

(für $i = 0$ fallen die N-Glieder, für $i = 2^n$ die Plusglieder von X fort.)

Der nu-Wert ergibt sich in vollkommener Analogie zu (4) (a):

$$(7) \quad nu((Q(i, 2^n)) = \frac{(2^n - i)\, nu(X)\, p(X)}{i + (2^n - i)\, p(X)}$$

(man beachte, daß die Berechnung nach **P₄** im Zähler den Wert $nu(X)$ liefert; in (4) (a) konnte ein entsprechendes Glied wegen $nu(G) = 1$ weggelassen werden.)

Ebenso wie die nu-Werte von M in (4) (a) bilden auch die nu-Werte von $Q(i, 2^n)$ eine mit wachsendem i monoton fallende endliche Folge, wobei zwar der niedrigste Wert (für $i = 2^n$) wieder 0 ist, der höchste Wert (für $i = 0$) dagegen diesmal größer sein muß als $1 = nu(G)$, da nach Voraussetzung X in der Präferenzordnung höher bewertet wird als G.

Wir unterscheiden zwei Fälle:

Fall I: Es läßt sich ein j finden, so daß $Q(j, 2^n)$ gleichrangig ist mit G, ferner ein k, so daß $Q(k, 2^n)$ gleichrangig ist mit der Proposition C, deren nu-Wert in unserem Reduktionsschritt mit 1/2 angenommen wurde. Die Spezialisierung von (7) zu j und k liefert dann zwei Gleichungen mit 1 bzw. 1/2 auf der linken Seite, nämlich:

$$1 = \frac{(2^n - j)\, nu(X)\, p(X)}{j + (2^n - j)\, p(X)},$$

$$\frac{1}{2} = \frac{(2^n - k)\, nu(X)\, p(X)}{k + (2^n - k)\, p(X)}.$$

Diese beiden Gleichungen mit zwei Unbekannten lassen sich in elementarer Weise auflösen, wodurch man erhält[34]:

$$nu(X) = \frac{2^n(k - j)}{2^n(k - 2j) + kj}$$

$$p(X) = \frac{2^n(k - 2j) + kj}{(2^n - j)(2^n - k)}$$

Nützlichkeit und Wahrscheinlichkeit von X sind also genau bestimmt.

---

[34] Um zunächst $nu(X)$ zu erhalten, multipliziere man beide Gleichungen jeweils mit dem Nenner, um den Bruch zu beseitigen. Hierauf dividiere man durch $p(X)$, multipliziere die erste Gleichung mit k und die zweite mit $2j$. Durch Subtraktion der zweiten Gleichung von der ersten werden die Glieder, welche noch $p(X)$ enthalten, eliminiert, und es ergibt sich der obige Wert $nu(X)$. Diesen Wert setze man dann in die erste Gleichung ein, um $p(X)$ zu bestimmen.

Fall II: Die Voraussetzung des ersten Falles sei nicht erfüllt. Dann kann ein Näherungsverfahren benützt werden: $p(X)$ und $nu(X)$ lassen sich mit beliebiger Genauigkeit bestimmen und zwar nach demselben Verfahren, durch welches wir oben $p(G)$ mit beliebiger Genauigkeit ermittelten. An die Stelle der beiden im ersten Fall benützten Gleichungen treten diesmal zwei doppelte Ungleichungen (von der Art der Formel, die (6) vorangeht), wobei einmal die Zahl 1 und einmal die Zahl 1/2 in das Intervall hineinfällt.

5. Fall: X liegt in der Präferenzordnung zwischen G und t. Die Bestimmung des Wertes von $nu(X)$ ergibt sich dann direkt aus dem Lemma von 7.e. Jetzt spezialisieren wir die Gleichung (7) zu $i = 1$ und $n = 1$. Die Auflösung nach $p(X)$ ergibt:

$$p(X) = \frac{nu\,(Q(1,2))}{nu(X) - nu\,(Q(1,\,2))}$$

Da der Wert von $nu(X)$ bereits bekannt ist, muß nur noch der Wert von $nu(Q(1,\,2))$ ermittelt werden. Dies aber kann in genau derselben Weise geschehen, in der $nu(X)$ bestimmt wurde; denn nach Konstruktion liegt die Proposition $Q(1,\,2)$ in der Präferenzordnung zwischen X und t, also erst recht zwischen G und t, so daß abermals die Voraussetzung des Lemmas von 7.e erfüllt ist.

Damit ist der Reduktionsschritt vollständig bewiesen. Es steht nur noch aus, die zusätzliche Voraussetzung dieses Schrittes aus den übrigen Annahmen herzuleiten, unter denen das Metrisierungsproblem gelöst werden soll: nämlich die Angabe einer Proposition C mit $nu(C) = 1/2$, ohne dabei die übrigen zwei Voraussetzungen $nu(t) = 0$ und $nu(G) = 1$ preisgeben zu müssen.

Das Verfahren zur Lösung dieser Aufgabe geht auf E. BOLKER zurück. Hierfür muß man die zu Beginn dieses Unterabschnittes angeführte Voraussetzung wesentlich benützen. Wir nehmen also an, daß es eine unendliche Folge von guten Propositionen

$$Y_1, Y_2, \ldots, Y_i, \ldots$$

gibt, so daß erstens für jedes $i \geq 1$ gilt: $Y_i \leq Y_{i+1}$, und zweitens für jede noch so große natürliche Zahl N ein k existiert, so daß $nu(Y_k) > N$. Einfachheitshalber nehmen wir an, daß $nu(G) \leq nu(Y_1)$, d.h. also, daß bereits das erste Glied der Folge der guten Proposition G vorgezogen wird. (Sollte die ursprüngliche Folge diese Voraussetzung nicht erfüllen, so wählen wir einfach das kleinste j, so daß $nu(Y_j) > nu(G)$, lassen die früheren Glieder der Folge fort und beginnen die neue Folge mit Y_j als erstem Glied. Daß ein derartiges j existiert, ist dadurch gewährleistet, daß $nu(G) = 1$, die nu-Werte der Y_i monoton wachsen und keine obere Schranke haben.) Weiter setzen wir voraus, daß die Wahrscheinlichkeiten aller Glieder der Folge von 0 verschieden sind. Wegen HS_1 und HS_2 besagt dies dasselbe wie: Wir setzen voraus, daß die Negationen dieser guten Propositionen stets schlecht sind, also in der Präferenzordnung unterhalb der Tautologie t liegen. (Sollte die ursprüngliche Folge auch Glieder mit der Wahrscheinlichkeit 0 enthalten, so streichen wir diese Glieder heraus. Dieses Verfahren ist mechanisierbar, da wir über ein *effektives* Verfahren zur Entscheidung darüber verfügen, ob eine Proposition eine Nullproposition ist oder nicht; vgl. den Beweis von **HS$_8$**.)

Wir greifen ein beliebiges Glied Y_s der Folge heraus, zerlegen nach dem uns bekannten Verfahren sowohl Y_s als auch dessen Negation $\neg Y_s$ in je 2^n gleichwahrscheinliche und gleichrangige Propositionen:

$$Y_s, (+ Y_s)_1, \ldots, (+ Y_s)_{2^n}$$

$$t$$

$$\neg Y_s, (- Y_s)_1, \ldots, (- Y_s)_{2^n}.$$

Ferner wählen wir eine Zahl k mit $2k < 2^n$ und konstruieren drei Propositionen $J^s(k)$, $L^s(k)$ und $M^s(k)$ wie folgt[35]:

$$J^s(k) = \begin{cases} (+ Y_s)_1 \vee (+ Y_s)_2 \vee \cdots \vee (+ Y_s)_k \vee (- Y_s)_1 \vee (- Y_s)_2 \\ \vee \cdots \vee (- Y_s)_k \text{ für } k \geqq 1 \\ f \text{ für } k = 0; \end{cases}$$

$$L^s(k) = \begin{cases} (+ Y_s)_{k+1} \vee (+ Y)_{k+2} \vee \cdots \vee (+ Y_s)_{2k} \vee (- Y_s)_{k+1} \\ \vee (- Y_s)_{k+2} \vee \cdots \vee (- Y_s)_{2k} \text{ für } 2k \leqq 2^n \\ f \text{ für } 2k > 2^n; \end{cases}$$

$$M^s(k) = \begin{cases} (+ Y_s)_{2k+1} \vee (+ Y_s)_{2k+2} \\ \vee \cdots \vee (+ Y_s)_{2^n} \text{ für } 2k < 2^n \\ f \text{ für } 2k \geqq 2^n. \end{cases}$$

Bei der Bildung der Proposition $J^s(k)$ wird die Adjunktion der ersten k Zerlegungsglieder von Y_s mit der Adjunktion der ersten k Zerlegungsglieder von $\neg Y_s$ adjunktiv verknüpft. Bei der Bildung von $L^s(k)$ wird dasselbe mit den folgenden k Zerlegungsgliedern von Y_s und $\neg Y_s$ getan. $M^s(k)$ wird durch adjunktive Verknüpfung der noch verbliebenen $2^n - 2k$ Zerlegungsglieder von Y_s gebildet. Offenbar gilt:

(8) (a) Die beiden Propositionen $J^s(k)$ und $L^s(k)$ sind neutral, sofern im ersten Fall $k > 0$ und im zweiten Fall $2k \leqq 2^n$;

(b) die Proposition $M^s(k)$ ist gut, falls $2k < 2^n$.

Die *nu*-Werte von J und L sind also 0, während der *nu*-Wert von M größer als 0 ist. Das letztere ergibt sich wegen **P$_4$** unmittelbar daraus, daß $M(k)$ eine Adjunktion von (miteinander logisch unverträglichen) guten

---

[35] Der obere Index s soll die Relativität dieser Formeln auf die gewählte Ausgangsformel Y_s zum Ausdruck bringen.

Propositionen ist, deren Wahrscheinlichkeiten von 0 verschieden sind. Die Aussage (8) (a) folgt daraus, daß nach Konstruktion beider Propositionen stets ein Plusglied $(+ Y_s)_i$ mit einem entsprechenden Minusglied $(- Y_s)_i$ zusammengefaßt werden kann, wodurch eine Neutralisierung erzeugt wird. (Der formale Nachweis verläuft vollkommen analog zu ähnlichen früheren Beweisen, z.B. zum Nachweis der Behauptung (1) innerhalb des Beweises von **HS₇**.)

Ferner gelten für beliebiges s die vier Aussagen (deren zweite eine Verschärfung von (8) (b) beinhaltet):

(9) Je zwei der drei Propositionen $J(k)$, $L(k)$ und $M(k)$ sind miteinander logisch unverträglich, d.h. die drei Konjunktionen:
$J^s(k) \wedge L^s(k)$, $L^s(k) \wedge M^s(k)$ sowie $J^s(k) \wedge M^s(k)$
sind L-äquivalent mit f[36].

(10) $M^s(k)$ ist gleichrangig mit Y_s.

(11) $p(J^s(k)) = p(L^s(k)) = \dfrac{k}{2^n}$.

(12) $J^s(k) \vee M^s(k)$ ist gleichrangig mit $L^s(k) \vee M^s(k)$.

(11) ergibt sich durch die einfache Umformung:
$$(k/2^n)\, p(Y_s) + (k/2^n)\, p(\neg Y_s) = (k/2^n)\, (p(Y_s) + p(\neg Y_s))$$
$$= (k/2^n)\, p(Y_s \vee \neg Y_s) = k/2^n.$$

(12) ist eine unmittelbare Folge dessen, daß die beiden Propositionen durch Adjunktion von neutralen Propositionen zu ein und derselben Proposition entstehen.

s und n seien fest gewählt. Wir bilden die Formeln $J^s(k) \vee M^s(k)$ für $k = 0, 1, \ldots, 2^{n-1}$. Für $k = 0$ erhält man wegen (10) den nu-Wert von Y_s (denn $J^s(0)$ ist nach Definition dasselbe wie f); für $k = 2^{n-1}$ gewinnt man den nu-Wert 0 (denn diesmal ist das M-Glied nach Definition dasselbe wie f und das erste Adjunktionsglied ist neutral). Genauer gilt:

(13) $nu[J^s(k) \vee M^s(k)] = \dfrac{\left(1 - 2\dfrac{k}{2^n}\right) nu\,(Y_s)\, p\,(Y_s)}{\left(1 - 2\dfrac{k}{2^n}\right) p\,(Y_s) + \dfrac{k}{2^n \cdot 2^n}}$.

Der Beweis stützt sich wieder auf **P₄**. Für die Zähler ist zu beachten, daß das Glied $J^s(k)$ wegen seiner Neutralität keinen Beitrag leistet, während jedoch im Nenner die Summen der Wahrscheinlichkeiten *beider* Adjunk-

---

[36] Da die ‚atomaren' adjunktiven Komponenten der drei Propositionen alle wechselseitig miteinander unverträglich sind, folgt diese Behauptung durch vollständige Induktion aus der einfachen Feststellung: Wenn A logisch unverträglich ist mit B_1 und außerdem logisch unverträglich mit B_2, so ist A auch mit $B_1 \vee B_2$ logisch unverträglich.

tionsglieder stehen. Dadurch erhält man zunächst den Wert:

$$\frac{(2^n - 2k)\, nu(Y_s)\, p(Y_s)}{(2^n - 2k)\, p(Y_s) + \dfrac{k}{2^n}} \cdot$$

Wenn man Zähler und Nenner durch 2^n teilt, so gewinnt man die Formel (13). Die so erhaltenen Werte fallen mit wachsendem k monoton vom höchsten nu-Wert für Y_s bis zum niedrigsten Wert 0.

Nach Voraussetzung gilt: $nu(Y_s) > nu(G)$. Es sei k die größte Zahl, so daß die Proposition $J^s(k) \vee M^s(k)$ in der Präferenzordnung noch oberhalb von G steht oder mit G gleichrangig ist. Für dieses k gilt also:

$$nu[J^s(k) \vee M^s(k)] \geqq 1 > nu[J^s(k+1) \vee M^s(k+1)].$$

Wenn wir dafür die Werte gemäß (13) einsetzen und die Abkürzung $r = k/2^n$ benützen, so erhalten wir:

$$(14)\quad \frac{(1 - 2r)\, nu(Y_s)\, p(Y_s)}{(1 - 2r)\, p(Y_s) + \dfrac{r}{2^n}} \geqq 1 > \frac{(1 - 2r - 2/2^n)\, nu(Y_s)\, p(Y_s)}{(1 - 2r - 2/2^n)\, p(Y_s) + \dfrac{r}{2^n} + \dfrac{1}{2^n \cdot 2^n}} \cdot$$

Zwecks Vereinfachung der Symbolik kürzen wir im folgenden „$nu(Y_s)$" durch „nu" und „$p(Y_s)$" durch „p" ab. Die beiden Ungleichungen (14) betrachten wir getrennt.

Aus der linken Ungleichung (14) folgt, da der Nenner positiv ist:

$$(1 - 2r)\, nu \cdot p \geqq (1 - 2r)\, p + \frac{r}{2^n}$$

Hieraus erhält man durch Auflösung der Ungleichung nach r:

$$(15)\quad r \leqq \frac{p \cdot (nu - 1)}{2p(nu - 1) + \dfrac{1}{2^n}} \cdot$$

In Analogie zu (13) bestimmen wir jetzt den Wert des Nutzens von $J^s(k) \vee L^s(k) \vee M^s(k)$, wobei wir wieder $r = \dfrac{k}{2^n}$ setzen:

$$(16)\quad nu\,[J^s(k) \vee L^s(k) \vee M^s(k)] = \frac{(1 - 2r)\, nu \cdot p}{(1 - 2r)\, p + \dfrac{2r}{2^n}}$$

Den linken Ausdruck kürzen wir ab durch „$a(n, k)$". Den rechten Bruch dividieren wir durch den Zähler und erhalten:

$$a(n, k) = \frac{1}{\dfrac{1}{nu} + A} \quad \text{mit} \quad A = \frac{2r}{2^n(1 - 2r)\, nu \cdot p}$$

Wenn wir in dieser letzten Gleichung r durch die rechte Seite von (15), die wir mit „B" abkürzen, ersetzen, so gewinnen wir (da der Zähler höchstens größer und der Nenner höchstens kleiner wird):

$$A \leq \frac{2B}{2^n(1-2B)\,nu\cdot p} = \frac{1}{\left(\dfrac{1}{2B}-1\right)2^n\cdot nu\cdot p} =$$

$$= \frac{1}{\left(\dfrac{2\,p\,(nu-1)+\dfrac{1}{2^n}}{2\,p\,(nu-1)}-1\right)2^n\cdot nu\cdot p} = \frac{2\,p\,(nu-1)}{\dfrac{1}{2^n}\,2^n\cdot nu\cdot p} = \frac{2\,(nu-1)}{nu},$$

und damit:

$$a(n,k) = \frac{1}{\dfrac{1}{nu}+A} \geq \frac{1}{\dfrac{1}{nu}+\dfrac{2\,(nu-1)}{nu}} = \frac{nu}{2\,nu-1} = \frac{1}{2-\dfrac{1}{nu}}.$$

Jetzt wenden wir uns der rechten Ungleichung von (14) zu. Da auch diesmal der Nenner positiv ist, erhalten wir:

$$\left(1-2r-\frac{2}{2^n}\right)p + \frac{r}{2^n} + \frac{1}{2^n\cdot 2^n} > \left(1-2r-\frac{2}{2^n}\right)nu\cdot p$$

und daraus durch Auflösung nach r:

$$r > \frac{\left(1-\dfrac{2}{2^n}\right)(nu-1)\,p - \dfrac{1}{2^n\cdot 2^n}}{2\,p\,(nu-1)+\dfrac{1}{2^n}} = E \text{ (Abkürzung!)}$$

Analog zu früher erhalten wir durch Ersetzung von r durch E in A eine Kette von Ungleichungen und Gleichungen, nämlich:

$$A = \frac{2r}{2^n(1-2r)\,nu\cdot p} > \frac{1}{\left(\dfrac{1}{2E}-1\right)2^n\cdot nu\cdot p} =$$

$$= \frac{2}{\left(\dfrac{2\,p\,(nu-1)+\dfrac{1}{2^n}}{\left(1-\dfrac{2}{2^n}\right)(nu-1)\,p-\dfrac{1}{2^n\cdot 2^n}}-2\right)2^n\cdot nu\cdot p} =$$

$$= \frac{2\left[\left(1-\dfrac{2}{2^n}\right)(nu-1)\,p-\dfrac{1}{2^n\cdot 2^n}\right]}{\left[\dfrac{1}{2^n}+\dfrac{4}{2^n}(nu-1)\,p+\dfrac{2}{2^n\cdot 2^n}\right]2^n\cdot nu\cdot p}$$

$$= \frac{2\,(nu-1)}{nu}\cdot\frac{1-\dfrac{2}{2^n}}{1+4\,(nu-1)\,p+\dfrac{2}{2^n}} - \frac{2}{2^n\cdot 2^n\cdot nu\cdot p\left[1+4\,(nu-1)\,p+\dfrac{2}{2^n}\right]}$$

Diesen letzten Ausdruck nennen wir D. Nun führen wir einige Grenzübergänge durch:

$$(17) \quad \lim_{n\to\infty} A \geq \lim_{n\to\infty} D = \frac{2\,(nu-1)}{nu}\cdot\frac{1}{1+4\,(nu-1)\,p}.$$

Mittels (17) erhalten wir durch Grenzübergang $n \to \infty$ in $a(n, k)$:

$$\lim_{n \to \infty} a(n, k) = \lim_{n \to \infty} \frac{1}{\frac{1}{nu} + A} \leqq \frac{1}{\frac{1}{nu} + 2\left(1 - \frac{1}{nu}\right) \cdot \frac{1}{1 + 4(nu - 1)\,p}} \cdot$$

Zusammen mit der bereits gewonnenen anderen Ungleichung für $a(n, k)$ ergibt sich die doppelte Abschätzung:

$$(18) \quad \frac{1}{2 - \frac{1}{nu}} \leqq \lim_{n \to \infty} a(n, k) \leqq \frac{1}{\frac{1}{nu} + 2\left(1 - \frac{1}{nu}\right) \cdot \frac{1}{1 + 4(nu - 1)\,p}}$$

Wenn wir außerdem noch den Grenzübergang $s \to \infty$ vornehmen, so geht (18) über in:

$$(19) \quad \lim_{s \to \infty} \frac{1}{2 - \frac{1}{nu}} \leqq \lim_{s \to \infty} \lim_{n \to \infty} a(n, k)$$

$$\leqq \lim_{s \to \infty} \frac{1}{\frac{1}{nu} + 2\left(1 - \frac{1}{nu}\right) \cdot \frac{1}{1 + 4(nu - 1)\,p}}$$

Jetzt benützen wir die weitere Voraussetzung:

$$\lim_{s \to \infty} nu(\neg Y_s) = 0.$$

Zunächst überzeugen wir uns davon, daß aufgrund von $\mathbf{T_7}$ sowie wegen der Endlichkeit von $\lim_{s \to \infty} (1 - p(Y_s))$ diese Voraussetzung äquivalent ist mit:

$$\lim_{s \to \infty} p(Y_s)\, nu(Y_s) = 0$$

Falls nämlich diese letzte Gleichung gilt, erhalten wir nach $\mathbf{T_7}$:

$$\lim_{s \to \infty} nu(\neg Y_s) = - \lim_{s \to \infty} nu(Y_s) \cdot p(Y_s) \cdot \frac{1}{1 - p(Y_s)} = 0.$$

Gilt umgekehrt $\lim_{s \to \infty} nu(\neg Y_s) = 0$, so ist nach demselben Theorem auch:

$$\lim_{s \to \infty} nu(Y_s) \cdot \frac{p(Y_s)}{1 - p(Y_s)} = 0,$$

woraus $\lim_{s \to \infty} nu(Y_s) \cdot p(Y_s) = 0$ folgt.

Da nach unserer Annahme $\lim_{s \to \infty} nu(Y_s) = + \infty$, konvergiert somit $p(Y_s)$ stärker gegen 0 als der Nutzen von Y_s gegen $+ \infty$ konvergiert. Aus unserem Ergebnis folgt daher weiter:

$$\lim_{s \to \infty} p(1 - nu) = 0.$$

Wenn wir diese Formel zusammen mit $\lim\limits_{s\to\infty} nu = +\infty$ benützen, um die beiden Ungleichungen (19) auszurechnen, so erhalten wir sofort:

$$\frac{1}{2} \leq \lim_{n\to\infty}\; \lim_{s\to\infty}\; a(n, k) \leq \frac{1}{2},$$

also:

$$(20)\quad \lim_{\substack{n\to\infty\\ s\to\infty}} a(n, k) = \frac{1}{2}.$$

Erinnern wir uns jetzt daran, daß „$a(n, k)$" nur eine Abkürzung für die linke Seite von (16) bildete, so erkennen wir auf Grund von (20), daß die Nutzwerte der Adjunktionen mit den drei Gliedern J, L und M dem Wert $\frac{1}{2}$ beliebig angenähert werden können. Damit ist die im Reduktionsschritt vorausgesetzte Proposition C, welche die Bedingung $nu(C) = \frac{1}{2}$ erfüllt, gefunden.

Der Beweis stützte sich allerdings auf die (bereits zu Beginn dieses Unterabschnittes formulierte) zusätzliche *Existenzvoraussetzung*, daß es überhaupt zwei Funktionen p und nu gibt, welche bezüglich $\leq$ die rationale Präferenzbedingung erfüllen. Diese Existenzannahme ist tatsächlich richtig; sie läßt sich jedoch nicht mit elementaren Mitteln beweisen. Uns genügt die beruhigende Gewißheit, daß diese Annahme richtig ist. Der genaue Beweis, in dem von maßtheoretischen Mitteln Gebrauch gemacht wird, findet sich in den beiden Arbeiten von E. BOLKER [Quotients] und [Axiomatization].

Bibliographie

BOLKER, E. [Quotients], "Functions Resembling Quotients of Measures", Transactions of the American Mathematical Society Bd. 124 (1966), S. 292—312.

BOLKER, E. [Axiomatization], "A Simultaneous Axiomatization of Utility and Subjective Probability", Philosophy of Science Bd. 34 (1967), S. 333—340.

CHERNOFF, H., und L. E. MOSES, *Elementary Decision Theory*, insbesondere Kap. 4: "Utility and Descriptive Statistics", S. 79—89, und Appendix F_2: "Outline of the Derivation of the Utility Function", S. 350—352.

FINETTI, B. DE, «La prévision: ses lois logiques, ses sources subjectives", Ann. Inst. H. Poincaré Bd. 7 (1937), S. 1—68; englische Übersetzung mit Ergänzungen: "Foresight: Its Logical Laws, Its Subjective Sources", in: KYBURG, H. E. und H. E. SMOLKER (Hrsg.), *Studies in Subjective Probability*, New York-London-Sidney 1964, S. 94—158.

HERSTEIN, J. N., und J. MILNOR, "An Axiomatic Approach to Measurable Utility", Econometrica Bd. 21 (1953), S. 291—297.

JEFFREY, R. C. [Decision], *The Logic of Decision*, New York-Toronto-London 1965.

JEFFREY, R. C., *Logik der Entscheidungen*, deutsche Übersetzung von [Decision], München 1967.

JEFFREY, R. C., "Solving the Problem of Measurement: A Correction", The Journal of Philosophy Bd. 64 (1967), S. 400—401.

NEUMANN, J. VON, und O. MORGENSTERN, *Theory of Games and Economic Behaviour*, 3. Aufl. Princeton 1953.

NEUMANN, J. VON, und O. MORGENSTERN, *Spieltheorie und wirtschaftliches Verhalten*, deutsche Übersetzung von: *Theory of Games and of Economic Behaviour*, 2. Aufl. Würzburg 1967.

RAMSEY, F. P., "Truth and Probability", in: BRAITHWAITE, R. B. (Hrsg.). F. P. RAMSEY: *The Foundation of Mathematics*, 2. Aufl. New York-London 1950, abgedruckt in: KYBURG, H. E. und H. E. SMOLKER (Hrsg.), *Studies in Subjective Probability*, New York-London-Sidney 1964, S. 61—92.

RESCHER, N. (Hrsg.), *The Logic of Decision and Action*, Pittsburgh 1967.

ROBINSON, R. E., Rezension von R. C. JEFFREY [Decision], The British Journal for the Philosophy of Science Bd. 19 (1968), S. 177—179.

SAMUELSON, P. A., "Probability, Utility and the Independence Axiom", Econometrica Bd. 20 (1952), S. 670—678.

SAVAGE, L. J. [Foundations], *The Foundations of Statistics*, New York-London 1954.

SCHICK, F., Rezension von R. C. JEFFREY [Decision], The Journal of Philosophy Bd. 64 (1967), S. 396—400.

SUPPES, P., und J. L. ZINNES [Basic Measurement], "Basic Measurement Theory", in: LUCE, R. D., R. R. BUSH und E. GALANTER, *Mathematical Psychology*, New York-London 1963, S. 1—76.